Christian Somnitz
Materialien und Kopiervorlagen
zur Klassenlektüre

Daniel Defoe

ROBINSON CRUSOE

Hase und Igel®

Inhalt

© 2005 Hase und Igel Verlag GmbH, München
www.hase-und-igel.de
Lektorat: Petra Klüners, Anna Schultes
Illustrationen: Ingrid Hecht

ISBN 978-3-86760-335-5
5. Auflage 2022

„Robinson Crusoe" – Das Buch im Unterricht

Das Buch

„Mit Robinson Crusoe schuf Defoe eines der großen, Don Juan, Faust oder Don Quijote vergleichbaren Leitbilder der Weltliteratur", heißt es in Kindlers Literaturlexikon über diesen „ersten modernen englischen Roman". Manch einer wird bei einer solchen Bewertung stutzen. „*Robinson Crusoe? Das ist doch ein Jugendbuch? Irgendein Abenteuerschinken über einen Seemann, der nach einem Schiffbruch 28 Jahre auf einer einsamen Insel zubringt und gegen Kannibalen kämpft?"* – Eben diese Ambivalenz macht es so reizvoll, Daniel Defoes *Robinson Crusoe* im Unterricht zu behandeln. Wer als Erwachsener den vollständigen Roman liest, dem begegnet ein literarisches Werk, das der englischen Aufklärung verpflichtet ist und religiöse sowie (gesellschafts-)politische Inhalte transportiert. Bei der Lektüre bekommt man eine Ahnung von der stilistischen Brillanz und Schärfe Defoes, dem seine politischen Satiren Gefängnis und Pranger einbrachten.

Unzählige Schriftsteller haben Nachahmungen und Robinson-Parodien geschrieben. Vor allem aber gibt es Hunderte von „Bearbeitungen für die Jugend". Manche haben fast nichts mehr mit dem Original zu tun, andere sind zwar gekürzt, bemühen sich aber um Textnähe. Manchmal wird besonders das Abenteuerliche am *Robinson* in den Vordergrund gestellt, manchmal – vor allem bei älteren Jugendausgaben – wird der *Robinson* zum bloßen Vehikel für eine pädagogische Botschaft. Doch die spannende Handlung des *Robinson Crusoe* hat alle Versuche der Vereinnahmung überstanden: Defoes dreihundert Jahre altes Werk fasziniert bis heute Kinder, Jugendliche und Erwachsene.

Der Text der Schulausgabe des *Robinson Crusoe*, auf den sich die vorliegenden Unterrichtsmaterialien beziehen, wurde auf der Grundlage der erstmals 1903 erschienenen deutschen Übersetzung von Anne Puchta, die sich durch ihre besondere Treue zum englischen Original auszeichnet, gekürzt und für den Gebrauch im Deutschunterricht der 5. bis 7. Klasse bearbeitet. Bei dieser Bearbeitung wurden die folgenden Aspekte besonders beachtet:

- Damit eine Ganzschrift für die gemeinsame Lektüre dieser Altersstufen sinnvoll eingesetzt werden kann, darf sie einen bestimmten Umfang nicht überschreiten. Im Falle des *Robinson Crusoe* war darum eine erhebliche Kürzung notwendig. Insbesondere wurde auf die späteren Abenteuer, die Robinson nach seiner Rettung von der Insel erlebt, verzichtet. Auch längere reflektierende Passagen zu religiösen und philosophischen Themen wurden gestrafft. Allerdings wurden diese nicht, wie in vielen Jugendausgaben üblich, ersatzlos gestrichen, sondern lediglich stark gekürzt, sodass dieser Aspekt des Originaltextes zumindest im Ansatz erhalten ist und im Unterricht behandelt werden kann. Ebenfalls gestrafft wurde die Beschreibung der Jahre, die Robinson vor dem Erscheinen Freitags allein auf der Insel verbringt. Im Originaltext wird ausführlich beschrieben, wie Robinson sich Nahrung und Gegenstände des täglichen Gebrauchs verschafft bzw. selbst fertigt. Hier wurde beim Kürzen darauf geachtet, dass immerhin so viel stehen bleibt, dass die Leser einen Eindruck von Geschicklichkeit und Erfindungsreichtum des Helden bekommen und die Bedeutung des Auf-sich-selbst-gestellt-Seins erfassen können.

- Bisweilen war es erforderlich, kleinere Überleitungen einzufügen, damit trotz der beschriebenen Kürzungen die innere Logik des Romans erhalten bleibt.

- Zudem wurde der Text in elf überschaubare Kapitel gegliedert, die mit „griffigen" Überschriften versehen wurden.

- Um eine Überforderung der Fünft- bis Siebtklässler zu vermeiden, musste die deutsche Übersetzung sprachlich geglättet werden: Allzu lange und verschachtelte Sätze wurden vereinfacht. Die zahlreichen etwas „schwergängigen" Passagen in indirekter Rede wurden, wenn möglich, in direkte Rede verwandelt, was zudem die Lebendigkeit der Schilderung erhöht.

In die Wortwahl wurde aber nur vorsichtig eingegriffen. Die Faszination eines Romans wie *Robinson Crusoe* liegt für den heutigen Leser, gleich welchen Alters, zu einem nicht geringen Teil in der manchmal etwas altertümlichen Sprache. Bei allem Bemühen, einen möglichst gut lesbaren Text zu erarbeiten, sollte dieser Reiz auch für eine Schulausgabe erhalten bleiben. Das gilt umso mehr, als eine Erweiterung des Wortschatzes und ein Sich-vertraut-Machen mit selten gebrauchten Redewendungen und Formulierungen ein sinnvolles Unterrichtsziel sein können. Die Sprachkompetenz und das Sprachgefühl für verschiedene Stilarten werden auf diese Weise geschult. Dasselbe gilt für die bewusste Beibehaltung von Fachbegriffen aus der Welt der Seefahrer und Eroberer (z. B. „Rahe" oder „Muskete").

Darüber hinaus wurde auch keine nachträgliche Modernisierung oder Anpassung des Wortschatzes aus politischen oder ethischen Gründen versucht. Wenn der Ich-Erzähler Robinson zum Beispiel von „Negern" und

„Wilden" redet, entspricht dies nicht nur dem englischen Originaltext, sondern auch der Denkweise zur Entstehungszeit des Romans – und damit auch der Denkweise der fiktiven Figur des Robinson. Es kann nicht Aufgabe einer modernen Schullektüre sein, hier im Sinne der „political correctness" zu glätten und dem Text so seine Authentizität zu nehmen. Im Gegenteil: Solche Begriffe wurden bewusst stehen gelassen, um es Ihnen zu ermöglichen, das Thema „Rassismus" im Unterricht zu behandeln. So kann den Schülerinnen und Schülern ein Gespür für das unterschwellig Ideologisierende und Diffamierende, das Sprache haben kann, vermittelt werden. Fachübergreifend lässt sich anhand dieser Beispiele auch die Frage des politischen und ethischen Wertewandels thematisieren.

Die Materialien

Die Unterrichtsmaterialien greifen verschiedene inhaltliche, sprachliche und ethische Aspekte des Romans auf. So geht es im Wesentlichen darum, ein Gespür dafür zu entwickeln, was es bedeuten kann, wenn sich ein Mensch völlig auf sich allein gestellt in einer ihm unbekannten Umwelt behaupten muss. Robinsons Verhalten und Denken wird beleuchtet – und auch kritisch hinterfragt. In diesem Zusammenhang erfahren die Schülerinnen und Schüler in einer ihrem Alter und Wissensstand angemessenen Weise, welches Welt- und Menschenbild zur Entstehungszeit des *Robinson Crusoe*, also Anfang des 18. Jahrhunderts, in Europa vorherrschte und wie sich dieses von unserer heutigen Denkweise unterscheidet.

Der abenteuerliche Aspekt des Romans kommt vor allem in den Unterrichtsvorschlägen zum Themenkomplex „Seefahrt" zum Tragen. Hinzu kommen einige Vorschläge, die den *Robinson Crusoe* als dichterisches Werk erfahrbar machen, das von einem Autor unter bestimmten literarischen Produktionsbedingungen geschaffen wurde. In diesem Zusammenhang wird auch die außergewöhnliche Rezeptionsgeschichte des *Robinson Crusoe* thematisiert. Zu den genannten Themenbereichen wird eine vielfältige Auswahl von Unterrichtsvorschlägen präsentiert. So ist sowohl bezüglich des Niveaus als auch hinsichtlich des Umfangs eine Differenzierung nach Alter und Leistungsstand der Schülerinnen und Schüler möglich.

Die vorliegenden Materialien gliedern sich in sechs Abschnitte: Nach einigen Vorschlägen zur Heranführung an die Unterrichtsreihe (Abschnitt 1) folgen vier Teile mit konkreten Unterrichtsvorschlägen, die sich am chronologischen Handlungsablauf des Romans orientieren. Im sechsten und letzten Abschnitt („Zum Abschluss der Unterrichtsreihe") finden sich Anregungen, die vor allem dann sinnvoll einzusetzen sind, wenn die Schülerinnen und Schüler bereits den gesamten Roman gelesen haben.

Jeder der sechs Abschnitte beginnt mit einem Lehrerteil, in dem sich eine kurze Inhaltsangabe der betreffenden Kapitel des Romans, Hinweise zu den Kopiervorlagen sowie zusätzliche Vorschläge für Gesprächs- oder Schreibanlässe befinden. Außerdem werden immer wieder Anre-

gungen für die kreative Auseinandersetzung mit den in der Lektüre angesprochenen Themen präsentiert („Kreativ aktiv"). Zu jedem der sechs Abschnitte werden unmittelbar im Unterricht einsetzbare, in sich abgeschlossene Kopiervorlagen (KVs) angeboten. Um deren thematische Schwerpunkte auf einen Blick kenntlich zu machen, ist jede KV oben rechts mit einem der folgenden fünf Signets versehen:

Robinsons Heimat   Inselleben   Seefahrt

Weltanschauung   Stil, Entstehung und Rezeption des Romans

Dies bedeutet nicht, dass allein das symbolisierte Thema behandelt wird, sondern lediglich, dass es auf diesem kopierbaren Arbeitsblatt im Mittelpunkt steht. Den einzelnen Arbeitsaufträgen auf den KVs sind zur besseren Orientierung folgende Symbole vorangestellt:

schreiben   lesen   diskutieren

Eine interessante und ergiebige Auseinandersetzung mit dem Buch und den Materialien wünscht Ihnen und Ihrer Klasse

Christian Somnitz

Hinführung zur Unterrichtsreihe – „Reif für die Insel?"

Bevor die Klasse mit dem Lesen des Romans beginnt, bietet es sich als Einstieg an, das Motiv der „einsamen Insel" und die klassische „Insel-Frage" („Was würdest du alles auf eine einsame Insel mitnehmen?") anzuschneiden. Dieser Einstieg ermöglicht erste inhaltliche Ansätze, aktiviert das Vorwissen der Schülerinnen und Schüler und weckt durch die Hervorhebung des Abenteuerlichen gleichzeitig ihre Neugier.

Das literarische Motiv der „einsamen Insel" kann in zweierlei Bedeutung verwendet werden: die Insel als willkommener Fluchtort und die Insel als Ort der ungewollten Isolation. Zum einen kann eine Insel also der Platz sein, an dem der Mensch die Chance hat, einer als negativ empfundenen Umgebung oder Gesell-  schaft zu entkommen und, völlig unbeeinflusst von der Außenwelt, noch einmal ganz von vorn zu beginnen. Die Insel als einen solchen Ort der „sozialen Utopie" beschreibt zum Beispiel Thomas Morus in seinem Roman *Utopia* von 1516. In diesem Sinne ist das Motiv der „einsamen Insel" bis heute immer wieder verwendet worden, sei es in (bisweilen auch trivialen) Romanen oder in der Werbung, sei es, wie bei Thomas Morus, als eine philosophische Grundannahme – oder aber in saloppen Redewendungen wie: „Ich bin reif für die Insel!"

Ironisch gebrochen erscheint das Motiv in dem bis heute als Schullektüre beliebten englischen Roman *Herr der Fliegen (Lord of the Flies)* von William Golding, erschienen 1954. Die Bewährungssituation des Auf-sich-allein-gestellt-Seins in feindlicher Umgebung findet sich in abgewandelter Form auch in Fernsehproduktionen wie *Big Brother* oder *Das Dschungelcamp* wieder, bei denen sich mehr oder weniger Prominente unter Kamerabeobachtung dieser Ausnahmesituation aussetzen.

Darüber hinaus kann mit dem Motiv der „einsamen Insel" aber auch etwas als negativ Empfundenes ausgedrückt werden: Die Insel steht dann für die Isolation und für das Ausgeschlossensein aus der menschlichen Gesellschaft. Der Mensch, den es unfreiwillig auf die einsame Insel verschlägt, muss sich in einer feindlichen oder unbekannten Umwelt behaupten und sehnt sich danach, wieder zum Teil der menschlichen Gesellschaft zu werden.

Die Unterrichtsvorschläge bieten die Chance, den Schülerinnen und Schülern beide Aspekte des Inselmotivs zu präsentieren, ohne explizit auf dessen literaturgeschichtliche Tradition zu verweisen. Dem Alter der Leserinnen und Leser angemessen, stehen vielmehr das Abenteuerliche und die eigene Vorstellungskraft im Vordergrund.

Zu den Kopiervorlagen

 KV Seite 8/9 · **Die rettende Insel**
Der Text sollte so von Ihnen vorgelesen werden, dass die Schülerinnen und Schüler das Dramatische der Situation nachempfinden können. Erst danach sollten die beiden Textblätter ausgeteilt werden. Angeregt durch die sich anschließenden Leitfragen (die im Unterrichtsgespräch beantwortet werden) können sich die Schülerinnen und Schüler besser vorstellen, selbst in der Situation eines Schiffbrüchigen zu sein.

Im Zusammenspiel mit stimmungsvoller Musik und einer atmosphärischen Gestaltung des (verdunkelten) Klassenzimmers (→ Kerzenschein, durchsichtige Tücher, Geräusche-CD mit Meeresrauschen) ließe sich auch eine Fantasiereise anleiten. Da jedoch in diesem sensiblen Bereich behutsames Vorgehen geboten ist, sollten Sie sich nur dann darauf einlassen, wenn Sie mit Ihrer Klasse bereits ausreichende Erfahrungen mit Fantasiereisen gesammelt haben.

KV Seite 10 · **Insel, Meer und mehr**
Mithilfe dieser Kopiervorlage suchen die Schülerinnen und Schüler Wörter, Begriffe und Wendungen, die ihnen spontan zu den Reizwörtern „Insel" und „Meer" einfallen. Es bietet sich an, diese Wortfeldübung zunächst in Form eines Brainstormings mit der gesamten Klasse gemeinsam durchzuführen und anhand dessen ein gemeinsames Tafelbild zu erstellen. Dieses Cluster kann anschließend auf das Arbeitsblatt übertragen werden.

Gesprächsanlass

„Ich reise auf eine einsame Insel …"

Dieses Gedächtnisspiel, das auch als „Kofferpack-Spiel" bekannt ist (→ „Ich packe meinen Koffer und nehme … mit"), können Sie ohne Hilfsmittel mit der ganzen Klasse spielen. Sie beginnen mit einem Gegenstand, den Sie mitnehmen würden, und geben eine Begründung für diese Auswahl, z. B.: „Ich reise auf eine einsame Insel und nehme ein Zelt mit, weil ich nicht unter freiem Himmel schlafen will." Die Schülerinnen und Schüler machen reihum im gleichen Stil weiter. Sie wiederholen den Satz des Vorgängers (ohne dessen Begründung – sonst wird es zu kompliziert!) und fügen einen eigenen Satz – mit Begründung! – an. Die anderen passen auf, dass keine Sache doppelt genannt wird.

Variationsmöglichkeit: Mehrfachnennungen sind erlaubt, wenn eine andere logische Begründung angeführt wird, etwa so: „… und nehme auch ein Zelt mit, weil ich nicht nass werden will, wenn's regnet."

In jedem Falle sollte im Vorfeld geklärt werden, ob nur Gegenstände oder auch Personen genannt werden dürfen.

Kreativ aktiv

„Auf dieser Insel möchte ich leben!"

Wie müsste eine Insel aussehen, damit du dich auf ihr wohlfühlen kannst? Male deine Trauminsel! Danach könnt ihr eure Bilder den anderen in der Klasse zeigen und euch gegenseitig beschreiben, wie ihr euch eure Insel vorstellt.

Die rettende Insel (1)

Stell dir vor, du bist Passagier auf einem Schiff. Es ist kein großes Kreuzfahrtschiff, kein gewaltiger Ozeanriese, sondern ein kleines Segelschiff. Zwanzig Frauen und Männer gehören zur Besatzung: Matrosen, Steuermann, Kapitän …

Seit zwei Wochen seid ihr schon unterwegs. Seit zwei Wochen habt ihr kein Land mehr gesehen. Da es keinen Kühlschrank an Bord gibt, hattet ihr nur die ersten Tage frische Lebensmittel, seitdem gibt es nur noch Konserven.

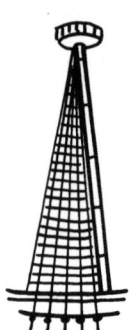

Die Arbeit ist anstrengend. Man braucht viel Kraft und Ausdauer, um so ein Segelschiff sicher über das Meer zu bringen. Bisher ist nicht viel passiert, jeder Tag läuft fast so ab wie der vorherige. Der Wind steht günstig und ihr kommt gut voran.

Doch plötzlich ändert sich das Wetter. Der Wind wird stärker und bläst jetzt aus einer anderen Richtung. Euer Schiff wird auf einen Kurs getrieben, den ihr gar nicht wollt. Der Himmel überzieht sich mit Wolken. Erst sind es weiße Wolken, zwischen denen man noch ein bisschen Blau erkennen kann. Dann werden die Wolken immer dichter. Sie sind auch nicht mehr weiß, sondern grau. Immer dunkler werden sie. Jetzt sind sie beinah schwarz. Die Sonne ist schon längst nicht mehr zu sehen. Es ist fast, als ob die Nacht heraufdämmert – dabei ist es gerade erst Nachmittag. Ein Blitz zuckt über den dunklen Himmel. Über euch grollt bedrohlich ein Donner. Es beginnt zu regnen – ein richtiger Wolkenbruch!

Auch das Meer sieht nicht mehr blau aus, sondern dunkelgrau. Wenn du zum Horizont schaust, kannst du kaum erkennen, wo der Himmel aufhört und wo das Meer anfängt. Die Wellen schlagen immer höher. Das Schiff schaukelt jetzt so sehr, dass dir fast schlecht wird. Ab und zu fegt eine Woge über das Schiff. Eine davon ist so groß, dass du das Gleichgewicht verlierst und fast über Bord gespült wirst. Du kannst dich gerade noch an der Reling festhalten! Du frierst. Um dich aufzuwärmen, schlägst du mit den Armen und machst Kniebeugen. Da kommt wieder eine Welle! Diesmal hältst du dich nicht schnell genug fest. Die Welle spült dich über Bord. Du gehst unter …

Das Meer ist eiskalt. Spuckend und hustend kommst du wieder hoch. Du paddelst wie wild mit Armen und Beinen, um trotz der hohen Wellen nicht unterzugehen. Deine Kleider haben sich voll Wasser gesogen. Wie Blei ziehen sie dich nach unten, so schwer sind sie. Wie lange wirst du dich noch über Wasser halten können?

Die rettende Insel (2)

Angestrengt schaust du in alle Richtungen. Du suchst nach deinem Schiff. Irgendjemand muss doch bemerkt haben, dass du über Bord gegangen bist. Aber da ist kein Schiff! Nirgendwo! Aber halt – was ist das?

Ganz in der Ferne siehst du einen Streifen, der anders aussieht als das tosende Meer um dich herum. Ob das Land ist? Du bist nicht sicher. Aber egal – es ist deine einzige Hoffnung … Du schwimmst auf den hellen Streifen zu. Du kannst kaum mehr weiter, so erschöpft bist du. Da verlierst du das Bewusstsein …

Als du aufwachst, scheint die Sonne. Es ist warm. Der Himmel ist blau. Deine Kleider sind fast trocken. Wohlig reckst du dich im weichen, sonnenheißen Sand.

Plötzlich kommt die Erinnerung wieder. Das Schiff – der Sturm – das verzweifelte Schwimmen … Du hast es geschafft, du bist an Land! Du setzt dich auf und blickst um dich. Niemand zu sehen! Du steigst auf den nächsten Hügel – und jetzt siehst du es:

Du bist auf einer kleinen Insel. Allein! Kein Haus, keine Hütte und kein Zelt ist zu sehen. Und auch von deinem Schiff gibt es weit und breit keine Spur. Überall nur spiegelglattes, weites Meer.

Du bist allein …

✏️➤ Stell dir vor, du hättest einen solchen Schiffbruch erlitten.
   Beantworte folgende Fragen:

Was ist dein erster Gedanke nach dem Aufwachen? _____

_____

_____

Du hast gerade festgestellt, dass du allein auf einer einsamen Insel bist.
Was fühlst du vor allem?

❑ Erleichterung, dass du gerettet bist

❑ Angst, was jetzt aus dir werden soll

❑ Sorge, was wohl mit dem Schiff und deinen Freunden passiert sein mag

❑ Neugier auf das, was dir auf dieser Insel begegnen wird

❑ _____

Was tust du an deinem ersten Tag auf der Insel? _____

_____

_____

Insel, Meer und mehr

 Schreibe auf, was dir zu den Begriffen „Insel" und „Meer" einfällt.
Zu jedem Bild soll so ein Wortfeld entstehen.

Urlaub

Wellen

Inhalt

Robinson erzählt von seinen ersten Fahrten: Die Abenteuerlust treibt ihn von zu Hause fort. Er will zur See fahren, was seine Eltern, wohlhabende Kaufleute, entschieden ablehnen. Bereits seine erste Fahrt, die durch Vermittlung eines Freundes als Passagier eines Segelschiffes zustande kommt, endet übel: Ein Sturm bricht los und bringt das Schiff zum Kentern. Nur mit Mühe erreichen die Schiffbrüchigen das rettende Festland. Weil Robinson sich nicht mehr nach Hause traut, reist er weiter nach London. Dort freundet er sich mit einem Kapitän an. Verwandte leihen ihm genug Geld, dass er einige Waren kaufen und an Bord des Schiffes, das sein neuer Freund befehligt, als auf eigene Rechnung arbeitender Kaufmann mitfahren kann. Aber wieder endet die Fahrt unglücklich: Das Schiff wird von Piraten angegriffen und Robinson gerät als Sklave in die Gefangenschaft eines maurischen Piratenkapitäns. Erst nach zwei Jahren ergibt sich eine Gelegenheit zur Flucht. Robinson entkommt in einem kleinen Boot und wird von einem portugiesischen Segler an Bord genommen. Mit diesem gelangt er nach Brasilien, wo er sich zunächst niederlässt.

Einige reiche Plantagenbesitzer in Robinsons Nachbarschaft beschließen, dem herrschenden Mangel an Arbeitskräften abzuhelfen, indem sie sich für eine Fahrt nach Afrika ausrüsten. Sie wollen dort Sklaven kaufen. Robinson soll als Bevollmächtigter mitreisen und den Handel abwickeln. Das Schiff gerät in einen schweren Sturm und erleidet Schiffbruch. Robinson gelingt es als Einzigem, sich schwimmend an Land zu retten. Er muss aber bald feststellen, dass es ihn auf eine völlig unbewohnte Insel verschlagen hat.

Als der Sturm nachgelassen hat, sieht er außerdem, dass das auf einer Sandbank festgefahrene Schiff zwar beschädigt, aber – wider Erwarten – nicht gesunken ist. Robinson erkennt schmerzhaft, dass die gesamte Mannschaft noch leben könnte, hätten sich nicht alle aus Angst, das gestrandete Schiff könne durch die Gewalt des Sturmes auseinanderbrechen, in die Rettungsboote begeben. Da die Rettungsboote gekentert sind, ist Robinson nun der einzige Überlebende. Immerhin gelingt es ihm bei ruhigem Wetter, das Wrack zu erreichen und Proviant, Waffen und Werkzeuge zu bergen.

Zu den Kopiervorlagen

Was ein Seebär alles wissen muss

Seite 14–17 Dieses Quiz zu seefahrerischen und militärischen Begriffen aus dem Roman, die den Schülerinnen

und Schülern unter Umständen neu sind, ermöglicht es, auf spielerische Weise Wortbedeutungen zu diskutieren und den Wortschatz zu erweitern.

Lösung Seite 14–17 (oben)
1 C; 2 B; 3 C; 4 B; 5 D; 6 A; 7 B; 8 D; 9 A; 10 C; 11 A; 12 C; 13 D; 14 D; 15 A; 16 B; 17 C; 18 D; 19 A; 20 B; 21 D; 22 A; 23 C; 24 D; 25 A; 26 C; 27 B; 28 D

Lösung Seite 17 (unten)
1. Reihe: Muskete, Kiel, Pirat mit Tau (passt nicht!), Heuer, Jolle
2. Reihe: Rudergänger, Riemen, Lot, Takelage, Wanten

Wie ein Segelschiff aussah

Seite 18/19 Diese vereinfachte Zeichnung vermittelt einen Eindruck davon, wie ein Segelschiff zur Zeit Defoes aussah. Das Schiff ist einmal mit, einmal ohne Bezeichnung der einzelnen Teile abgebildet. Sie können also die unbeschriftete Abbildung in der Klasse austeilen und die Beschriftung gemeinsam mit den Schülerinnen und Schülern vornehmen.

„Ich will mein Leben leben!"

Seite 20 Mit dieser Kopiervorlage wird der Konflikt zwischen Robinson und seinem Vater thematisiert. Die Schülerinnen und Schüler sind aufgefordert, die Argumente beider Seiten näher auszuführen. In einem zweiten Schritt kann nach eigenen Erfahrungen in Streitgesprächen mit Erwachsenen gefragt werden (siehe Gesprächsanlass auf Seite 13).

Lösung
z. B. Vater: „Du solltest Kaufmann werden – genau wie ich. Auf See wirst du es nie zu etwas bringen."/Robinson: „Schon als Kind wollte ich Seemann werden. Kein Geld der Welt kann mir diesen Traum ersetzen."

Vater: „Deine Mutter und ich wollen, dass du in England bleibst. Das Meer ist viel zu gefährlich."/Robinson: „Ich möchte in ferne Länder reisen und sehne mich nach Abenteuern. Das Risiko nehme ich in Kauf."

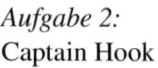 **Seeräuber, Piraten und Freibeuter**

KV Seite 21

Das Thema „Piraten" hat eine besondere Faszination. Hier werden zwei Texte (ein Ausschnitt aus Robert Louis Stevensons *Die Schatzinsel* und ein Sachtext) präsentiert. Zunächst befassen sich die Schülerinnen und Schüler damit, wie das Piratenleben jeweils dargestellt wird, und unterstreichen die wichtigsten Aussagen. In der anschließenden Diskussion sollen sie feststellen, dass der Romanauszug eher eine romantische Vorstellung vom Leben als Pirat beschreibt. Der zweite Text hingegen spiegelt stärker die Realität wider, weil er deutlich macht, dass auf hoher See zahlreiche Gefahren lauern und auf viele Dinge verzichtet werden muss.

Lösung

Aufgabe 1:

Piraten sind Glücksritter. Sie führen zwar ein <u>raues Leben</u> und <u>riskieren, dass man sie aufhängt</u>. Sie <u>essen aber und trinken, so viel sie nur können</u>. Und wenn eine Fahrt vorüber ist, so haben sie <u>Geld im Übermaß</u> in ihren Taschen. Die meisten von ihnen <u>vertrinken und verschwenden ihr Geld</u> und gehen dann, wenn sie nichts anderes mehr besitzen als das, was sie am Leib tragen, <u>wieder zur See</u>.

Piraten führten ein <u>hartes Leben</u>. Jeden Moment mussten sie <u>mit einem jähen Tod rechnen</u>: Unzählige Piraten wurden im Kampf tödlich verwundet oder fanden den Tod im Sturm auf offener See. Und wurde ein Pirat gefangen genommen, wurde er ohne langes Zögern zum Tode verurteilt und hingerichtet.
Waren Piraten lange auf See, so mussten sie <u>auf jede frische Nahrung verzichten</u>. Jeden Tag ein wenig Zwieback und Pökelfleisch, in dem oft schon die Maden waren: Das war die Ernährung an Bord. Dazu kamen <u>Krankheiten</u>. Kein Wunder – schließlich enthielt das Essen keinerlei Vitamine. Außerdem kamen die Matrosen bei stürmischem Wetter oft tagelang nicht aus ihren <u>nassen Kleidern</u>. Unter Deck mussten häufig zwanzig und mehr Menschen <u>auf engstem Raum schlafen</u>. Es gab <u>keine Möglichkeit der Lüftung</u> und die <u>Ratten</u>, die jedes Schiff in Massen bevölkerten, trugen noch zu der ungesunden Atmosphäre bei.

KV Seite 22

Piraten gesucht!

Auf dieser Kopiervorlage befassen sich die Schülerinnen und Schüler mit berühmten Piratenkapi-

tänen. Sie sollen anhand von zwei Kurzbiografien herausfinden, um wen es sich handelt. So führen Sie sie an die Informationsrecherche mithilfe eines Lexikons oder des Internets heran.

Lösung

Aufgabe 1:

Klaus Störtebeker
Sir Francis Drake

Aufgabe 2:

Captain Hook

KV Seite 23

Menschen als Ware: „schwarzes Elfenbein"

Robinson ist eine durchaus zwiespältige Gestalt. Obwohl er selbst zwei Jahre als Sklave eines maurischen Piraten leben musste, hat er keine Bedenken, selbst zum Sklavenhändler zu werden. Dieser Widerspruch wird hier thematisiert. Es sollte herausgearbeitet werden, dass Robinson – wie wahrscheinlich die meisten Europäer und weißen Nordamerikaner bis in die erste Hälfte des 20. Jahrhunderts hinein – ganz selbstverständlich davon ausgeht, dass ein Weißer allen anderen Menschen überlegen sei. Gehen Sie auch auf die KV-Überschrift ein. Die Bezeichnung „schwarzes Elfenbein", die für afrikanische Sklaven verwendet wurde, spielt darauf an, wie wertvoll die Arbeitskraft für ihre Besitzer war. Die grausame Ausbeuterei verhalf vielen zu ungeheurem Reichtum. Von hier aus kann der Bogen zum Thema „Rassismus heute" geschlagen werden.

Lösung

Aufgabe 1:

Ein Sklave ist ein Mensch, der als Eigentum von jemand anderem lebt und für ihn arbeitet. Er hat keine Rechte und muss widerspruchslos tun, was sein Herr ihm aufträgt.

Aufgabe 2:

Zu Robinsons Zeit waren Weiße der Ansicht, anderen Völkern überlegen zu sein. Da diese nicht als „gleichwertig" anerkannt wurden, hatte man keine Bedenken, sie als Sklaven zu unterwerfen. Für Robinson war sein Handeln ganz selbstverständlich.

Aufgabe 3:

Die Ureinwohner Afrikas, Amerikas, Australiens und Ozeaniens und ihre Kulturen wurden als minderwertig betrachtet. Sie wurden von vielen nicht als auf derselben Stufe stehende Menschen angesehen, weshalb die Grundsätze Freiheit und Unabhängigkeit für sie nicht galten.

Aufgabe 4:
Bücher: z. B. Harriet Beecher Stowe, *Onkel Toms Hütte*, Köln (Anaconda) 2013; Alex Haley, *Roots* (deutsch: „Wurzeln", Frankfurt a. M. (Fischer) 1979); Thomas Jeier, *Hinter den Sternen die Freiheit*, Wien (Ueberreuter) 2002; Virginia Schwartz, *Der Weg nach Norden*, Ravensburg (Ravensburger) 2003; Dolf Verroen, *Wie schön weiß ich bin*, Wuppertal (Peter Hammer) 2005
Filme: z. B. *Roots*, 1977 (mehrteilige Fernsehserie); *12 Years a Slave*, 2013

Gesprächs- oder Schreibanlässe

Eine Pro-und-kontra-Diskussion
Erinnerst du dich an Diskussionen, die du mit deinen Eltern (oder mit anderen Erwachsenen) geführt hast, weil diese etwas wollten, das du nicht wolltest? Was waren deine Argumente? Welche Argumente hatten die Erwachsenen? Habt ihr euch zum Schluss auf einen Kompromiss geeinigt – oder hat sich eine Seite durchgesetzt?

Sklaven in alten Zeiten – Sklaven heute
• Was weißt du aus Büchern oder Filmen über die Sklaverei in vergangenen Zeiten? Erzähle. (Buch- und Filmtipps: siehe oben)
• Auch heute noch müssen Menschen wie Sklaven leben. Weißt du, wo und warum? (ggf. in Zusammenarbeit mit den Ethik- oder Religionslehrern)

Robinson schreibt nach Hause
Nach seinem ersten Schiffbruch geht Robinson nach London. Von dort aus will er wieder in See stechen und eine große Seereise antreten. Insgeheim hat er ein schlechtes Gewissen, weil er von zu Hause davongelaufen ist. Darum schreibt er einen Brief, in dem er seine Eltern um Verzeihung bittet, sein Davonlaufen begründet und von seinen neuen Plänen erzählt. Schreibe diesen Brief.

Kreativ aktiv

Mein Segelschiff
Du weißt nun, was alles zu einem Segelschiff gehörte. Wie stellst du dir das Schiff vor, mit dem Robinson unterwegs war? Male es! (Diese Arbeitsanregung können Sie am besten geben, bevor die entsprechenden KVs, Seite 18 / 19, behandelt worden sind.)

Rollenspiele
Das Streitgespräch zwischen Robinson und seinem Vater wird anhand der Kopiervorlage auf Seite 20 behandelt. Es bietet sich an, hieran eines der folgenden Rollenspiele anzuschließen:
• Robinsons Vater versucht mehrfach vergeblich, Robinson von seiner Abenteuerlust und von seinem Wunsch, zur See zu fahren, abzubringen. Spielt eines dieser Streitgespräche mit verteilten Rollen. Vielleicht mischen sich auch noch Robinsons Mutter, eine seiner Schwestern oder sein Bruder in das Gespräch ein.
• Stell dir vor, du möchtest in den Ferien mit Freunden auf eine Radtour gehen. Das finden deine Eltern zu gefährlich. Such dir zwei Partner und spielt mit verteilten Rollen. Was sagst du, damit du allein auf die Radtour darfst? Was sagen deine Eltern?

Was ein Seebär alles wissen muss (1)

Quiz für Seeleute und solche, die es werden wollen

Kreuze die richtige Antwort an.

---

1. Was macht man mit Musketen?

A ❑ die Segel befestigen
B ❑ das Essen würzen
C ❑ schießen
D ❑ seinen Kopf bedecken

2. Was meint der Seemann, wenn er von Backbord spricht?

A ❑ die Schiffsküche
B ❑ die linke Schiffsseite, wenn man mit dem Gesicht in Fahrtrichtung steht
C ❑ den Teil der Bordwand, der sich unter Wasser befindet
D ❑ die rechte Schiffsseite, wenn man mit dem Gesicht in Fahrtrichtung steht

---

3. Was ist eine Barkasse?

A ❑ Vogelart
B ❑ Kanone
C ❑ Beiboot eines hochseetüchtigen Schiffes
D ❑ portugiesische Münze

4. Wo findet man auf einem dreimastigen Schiff den Besanmast?

A ❑ ganz vorne
B ❑ ganz hinten
C ❑ in der Mitte
D ❑ überhaupt nicht

---

5. Wozu braucht der Seemann ein Besteck?

A ❑ um Segel zu nähen
B ❑ um das Deck sauber zu halten
C ❑ um Lecks abzudichten
D ❑ um den Standort des Schiffes zu bestimmen

6. Welche Funktion hat der Bootsmann auf einem Schiff?

A ❑ Unteroffizier und direkter Vorgesetzter der einfachen Matrosen
B ❑ Schiffszimmermann, der die Beiboote repariert
C ❑ Posten, der bei den Rettungsbooten Wache hält
D ❑ Eigentümer des Schiffes

---

7. Was ist eine Brigg?

A ❑ stürmischer Wind aus Nordosten
B ❑ dreimastiges Segelschiff
C ❑ Eisscholle im Nordmeer
D ❑ altmodische Kanone

8. Was bezeichnet man als Brise?

A ❑ oberstes Segel am Großmast
B ❑ Halstuch des Kapitäns
C ❑ Robbenart
D ❑ kräftiger, günstiger Wind

Was ein Seebär alles wissen muss (2)

Quiz für Seeleute und solche, die es werden wollen

Kreuze die richtige Antwort an.

---

9. Was ist eine Fregatte?

A ❑ großes, bewaffnetes Kriegsschiff
B ❑ Ehefrau des Kapitäns
C ❑ Firma, der das Schiff gehört
D ❑ kleines Rettungsboot

10. Wie lang ist die englische Maßeinheit „Fuß"?

A ❑ ca. 2 Meter
B ❑ ca. 50 Zentimeter
C ❑ ca. 30 Zentimeter
D ❑ ca. 4 Zentimeter

---

11. In welcher Einheit bestimmt man die geografische Breite und Länge?

A ❑ Grad, Minuten und Sekunden
B ❑ Stunden, Minuten und Sekunden
C ❑ Dezimeter, Zentimeter und Millimeter
D ❑ Bits und Bytes

12. Warum freut sich der Matrose über die Heuer?

A ❑ weil sie ein günstiger Wind ist, der das Schiff schneller ans Ziel bringt
B ❑ weil sie eine besonders anmutige und schön anzuschauende Delfinart ist
C ❑ weil sie das Geld ist, das er als Bezahlung für seine Arbeit bekommt
D ❑ weil sie sein freier Tag ist, an dem er ausschlafen darf

---

13. Was bezeichnet man als Jolle?

A ❑ Jacke aus wasserdichtem Stoff
B ❑ mittelgroßes Rumfass
C ❑ Piratenflagge mit Totenkopf
D ❑ kleines Beiboot

14. Wo befinden sich die Kanarischen Inseln?

A ❑ vor der Ostküste Afrikas
B ❑ im Pazifik, vor der chinesischen Küste
C ❑ mitten im Atlantik, genau auf halber Strecke zwischen Europa und Nordamerika
D ❑ vor der nordwestafrikanischen Küste

---

15. Wo liegen die Karibischen Inseln?

A ❑ im Atlantik, vor der Nordostküste Südamerikas
B ❑ südlich vom Kap der Guten Hoffnung
C ❑ nördlich des Nordpolarkreises
D ❑ im Mittelmeer, östlich von Zypern

16. Welches Teil des Schiffes ist der Kiel?

A ❑ Laderaum
B ❑ Grundbalken des Schiffes
C ❑ Wohnraum des Kapitäns
D ❑ Halterung des Steuerrades

Was ein Seebär alles wissen muss (3)

Quiz für Seeleute und solche, die es werden wollen

Kreuze die richtige Antwort an.

---

17. Wozu braucht man ein Lot?

A ❑ um sich gegen Feinde wehren zu können
B ❑ damit jeder die Kommandos hört
C ❑ um die Wassertiefe zu messen
D ❑ um Trinkwasser aufzubewahren

---

18. Was ist ein Maat?

A ❑ der Küste vorgelagertes Felsenriff
B ❑ Krummsäbel der Piraten
C ❑ Signalflagge
D ❑ Unteroffizier auf einem Schiff

---

19. Was ist ein Maure?

A ❑ Nordafrikaner
B ❑ Teil der Bordwand
C ❑ Vogel
D ❑ plötzlich aufziehender Sturm

---

20. Was tut man, wenn man die Segel refft?

A ❑ Man flickt sie.
B ❑ Man rollt sie zusammen.
C ❑ Man bemalt sie.
D ❑ Man kontrolliert, ob sie noch ganz sind.

---

21. Was versteht man unter einer Reling?

A ❑ kleines, nur für Küstengewässer taugliches Fischerboot
B ❑ Sandbank
C ❑ unter Seeleuten beliebter Tanz
D ❑ Geländer, das das Schiffsdeck begrenzt

---

22. Was bedeutet in der Seemannssprache das Wort Riemen?

A ❑ Ruder
B ❑ Segel
C ❑ Tau
D ❑ Ankerkette

---

23. Was ist ein Rudergänger?

A ❑ Matrose, der dafür zu sorgen hat, dass die Ruder der Rettungsboote ganz sind
B ❑ heruntergekommener, versoffener Seemann, der keine Arbeit mehr findet
C ❑ Mann, der am Steuerruder steht
D ❑ Neuling, der Seemann werden will

---

24. Wo arbeitet der Smutje?

A ❑ auf der Werft
B ❑ in der Reederei
C ❑ im Leuchtturm
D ❑ in der Kombüse

Was ein Seebär alles wissen muss (4)

Quiz für Seeleute und solche, die es werden wollen

 Kreuze die richtige Antwort an.

25. Was ist die Takelage eines Schiffes?

A ❑ alles, was an den Masten
      befestigt ist
B ❑ Kajüte des Kapitäns
C ❑ Lagerraum für den Proviant
D ❑ oberste Spitze des größten Mastes

26. Was versteht man unter Tide?

A ❑ felsige, gefährliche Küste
B ❑ Gebiet mit sehr geringer Wassertiefe
C ❑ Ebbe und Flut
D ❑ vorderste Mauer des Hafens

27. Was sind Wanten?

A ❑ Leuchttürme, die vor gefährlichen
      Küstenstellen warnen
B ❑ strickleiterähnliche Seile, an denen
      die Matrosen in die Masten klettern
C ❑ Inselgruppe im östlichen Mittelmeer
D ❑ Kanonen, die Schiffe zum Schutz
      gegen Piraten an Bord haben

28. Was tut ein Seemann, wenn er lenzt?

A ❑ Er wendet das Schiff.
B ❑ Er verweigert den Befehl.
C ❑ Er scheuert das Deck.
D ❑ Er pumpt Wasser aus dem Schiff.

 Welche Fachbegriffe aus dem Quiz passen zu den folgenden Zeichnungen?
Trage sie ein. Achtung! Eine Zeichnung passt gar nicht. Welche ist das?

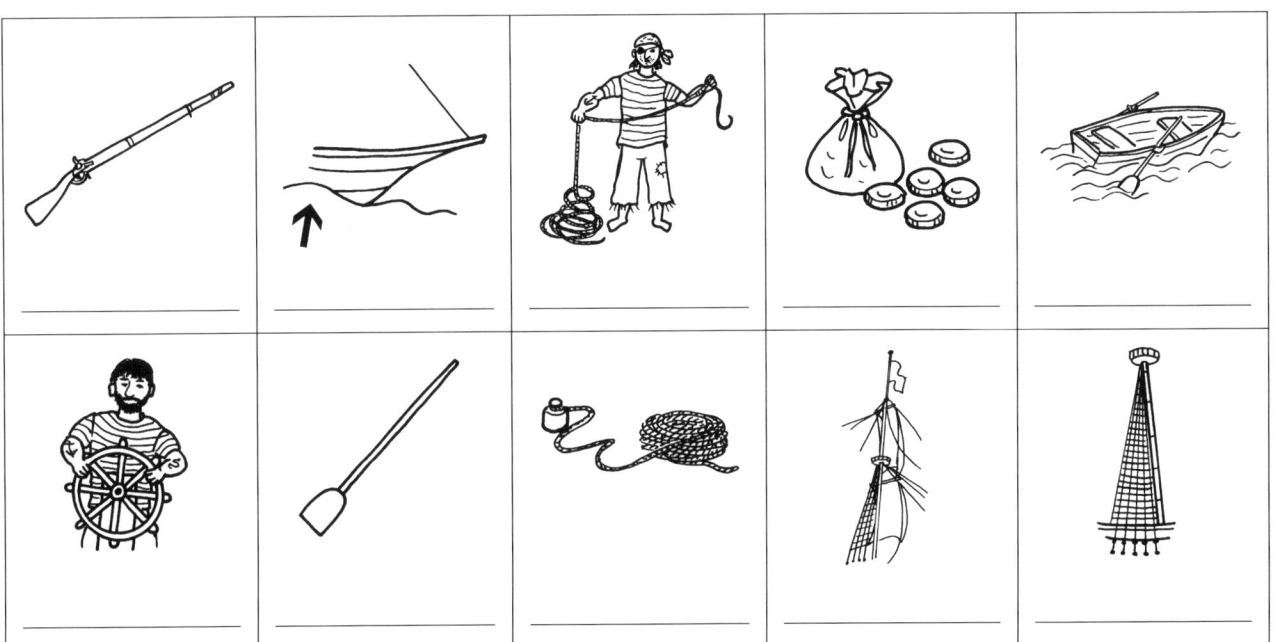

Wie ein Segelschiff aussah (1)

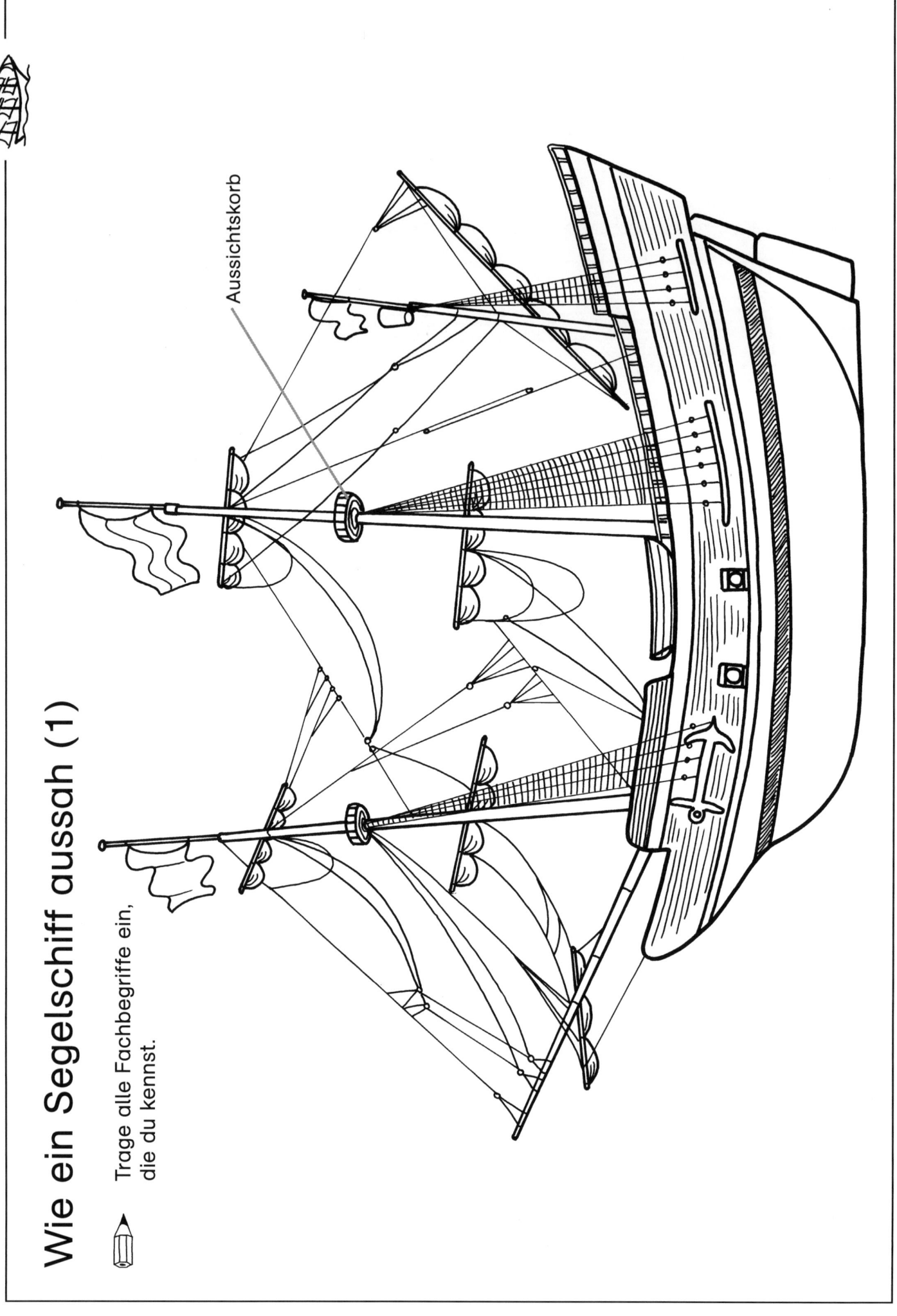

Trage alle Fachbegriffe ein, die du kennst.

Aussichtskorb

Wie ein Segelschiff aussah (2)

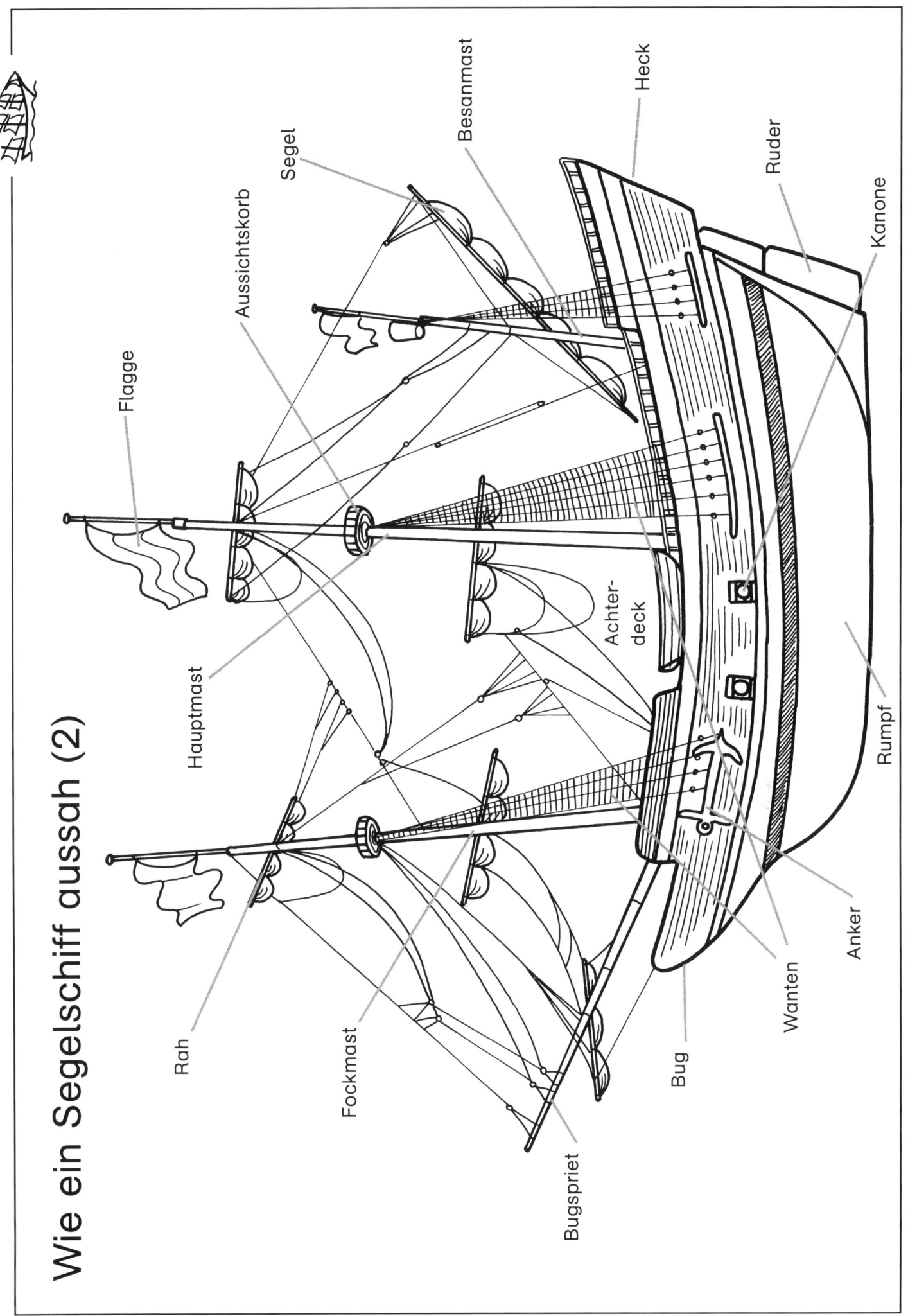

Flagge

Rah

Fockmast

Bugspriet

Bug

Wanten

Anker

Rumpf

Achter-
deck

Hauptmast

Aussichtskorb

Segel

Besanmast

Heck

Ruder

Kanone

„Ich will mein Leben leben!"

✏️ ➤ Robinsons Vater ist nicht damit einverstanden, dass sein Sohn zur See will
(Buch, Seite 7). Immer wieder versucht er ihn umzustimmen.
Schreibe in die Sprechblasen, was Robinson und sein Vater sagen könnten.

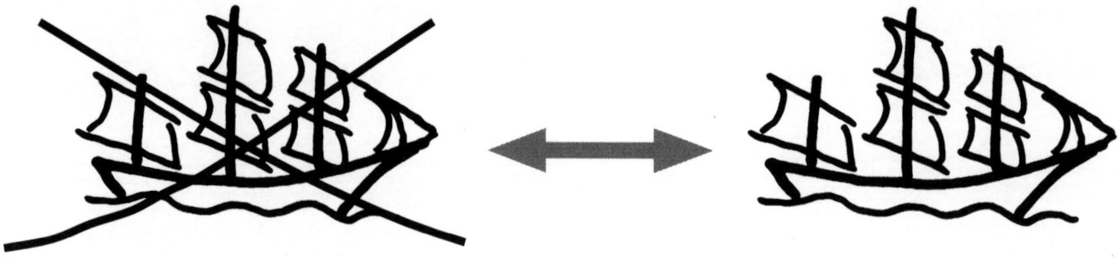

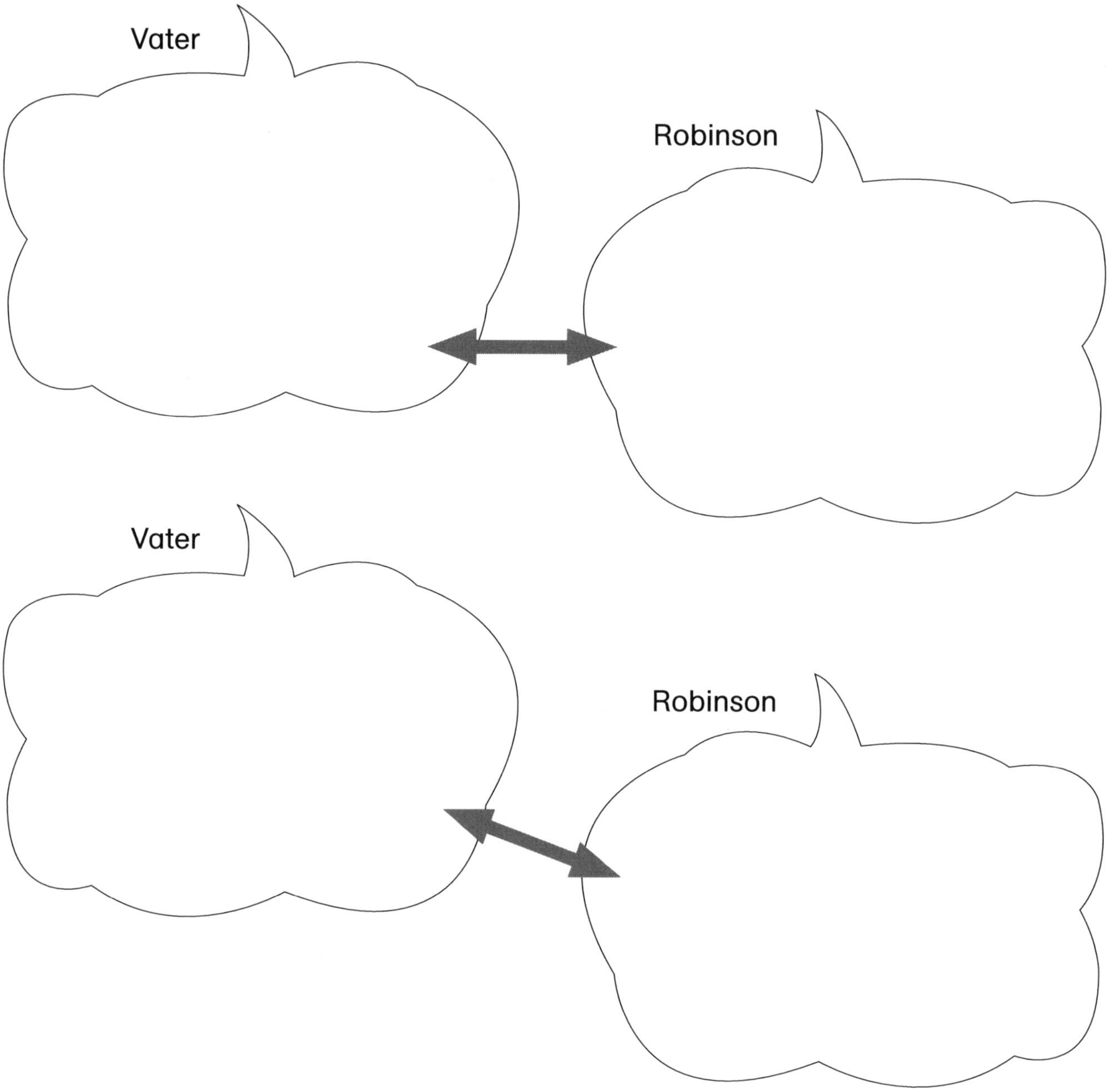

Vater

Robinson

Vater

Robinson

Seeräuber, Piraten und Freibeuter

Robinson Crusoe wird im Mittelmeer von maurischen (das heißt: nordafrikanischen, muslimischen) Piraten gefangen (Buch, Seite 12).
Piraten und Seeräuber gibt es, seit es Seefahrer gibt.

 Lies die beiden folgenden Texte. Wie wird das Piratenleben jeweils dargestellt? Unterstreiche die wichtigsten Aussagen.

Piraten sind Glücksritter. Sie führen zwar ein raues Leben und riskieren, dass man sie aufhängt. Sie essen aber und trinken, so viel sie nur können. Und wenn eine Fahrt vorüber ist, so haben sie Geld im Übermaß in ihren Taschen. Die meisten von ihnen vertrinken und verschwenden ihr Geld und gehen dann, wenn sie nichts anderes mehr besitzen als das, was sie am Leib tragen, wieder zur See.

Aus: Robert Louis Stevenson,
Die Schatzinsel
(erstmals veröffentlicht 1883)

Piraten führten ein hartes Leben. Jeden Moment mussten sie mit einem jähen Tod rechnen: Unzählige Piraten wurden im Kampf tödlich verwundet oder fanden den Tod im Sturm auf offener See. Und wurde ein Pirat gefangen genommen, wurde er ohne langes Zögern zum Tode verurteilt und hingerichtet.
Waren Piraten lange auf See, so mussten sie auf jede frische Nahrung verzichten. Jeden Tag ein wenig Zwieback und Pökelfleisch, in dem oft schon die Maden waren: Das war die Ernährung an Bord. Dazu kamen Krankheiten. Kein Wunder – schließlich enthielt das Essen keinerlei Vitamine. Außerdem kamen die Matrosen bei stürmischem Wetter oft tagelang nicht aus ihren nassen Kleidern. Unter Deck mussten häufig zwanzig und mehr Menschen auf engstem Raum schlafen. Es gab keine Möglichkeit der Lüftung und die Ratten, die jedes Schiff in Massen bevölkerten, trugen noch zu der ungesunden Atmosphäre bei.

 Diskutiert: Welcher Text beschreibt das Piratenleben realistischer?

Piraten gesucht!

 Gesucht werden zwei berühmte Piratenkapitäne.
Findest du heraus, von wem hier die Rede ist? Du darfst in einem Lexikon nachschlagen oder im Internet suchen. Vielleicht entdeckst du dabei zusätzliche Informationen über die beiden gesuchten und über andere Piraten.

Dieser Seefahrer und seine Leute versorgten 1389 Stockholm, das im Krieg von Feinden umzingelt war, auf dem Seeweg mit Lebensmitteln. Man nannte sie darum die „Vitalienbrüder" („Vitalien" und „Viktualien" sind alte Wörter für „Lebensmittel"). Später aber wurden die „Vitalienbrüder" Piraten und beraubten Handelsschiffe. Die reichen Kaufleute, die sich in einem mächtigen Bund namens „Hanse" zusammengeschlossen hatten, bekämpften die Piraten mit allen Mitteln. 1401 gelang es ihnen endlich, die Piraten vor der Insel Helgoland zu fangen. Der Piratenkapitän, dessen Name hier gesucht ist, wurde enthauptet.

| K | | | S | | | S | | ¨ | | T | | | K | | R |

Dieser Piratenkapitän wurde für seine Erfolge als Seeräuber sogar geadelt. Er wurde 1540 geboren und starb 1596 auf See. Die englische Königin Elisabeth I. hatte ihm einen „Kaperbrief" ausgestellt. Darin erlaubte sie ihm, die Schiffe aller Feinde Englands anzugreifen und zu berauben. Der Piratenkapitän überfiel vor allem spanische Schiffe, die mit Silber aus Südamerika beladen waren. Weil er so der englischen Königin in ihren Finanznöten half, schlug sie ihn zum Ritter und er durfte sich fortan „Sir" nennen.
Der gesuchte Piratenkapitän betätigte sich auf seinen Kaperfahrten aber auch als Entdecker und Forscher. Als einem der ersten Seefahrer gelang es ihm, einmal um den gesamten Erdball zu segeln.

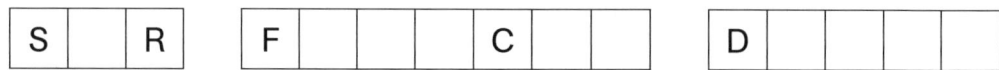

| S | | R | | F | | | C | | | D | | | |

 Für welchen Piratenkapitän, den sich der Autor James Matthew Barrie ausgedacht hat, ist diese „Hakenhand" typisch?

| C | | P | | | N | | | O | | K |

Menschen als Ware: „schwarzes Elfenbein"

Robinson bricht von Brasilien nach Afrika auf, um im Auftrag brasilianischer Plantagenbesitzer Sklaven zu kaufen (Buch, Seite 16).

✎➤ Erkläre, was ein Sklave ist. Versuche eine möglichst genaue Definition.

_____

_____

_____

✎➤ Robinson war in der Gefangenschaft eines maurischen Piraten und hat das Schicksal eines Sklaven am eigenen Leib erfahren. Warum hat er dennoch keine Gewissensbisse, Sklaven zu kaufen?

_____

_____

_____

✎➤ Ungefähr einhundert Jahre nach der Zeit, in der Robinson Crusoe spielt, wurde in Nordamerika öffentlich verkündet: „Alle Menschen sind von Natur aus frei und unabhängig." Dieser Satz steht in der „Virginia Bill of Rights" von 1776, auf die man bis heute in den USA sehr stolz ist. Trotzdem hat es in Nordamerika noch lange Zeit danach Sklaven gegeben. Wie erklärst du dir das?

_____

_____

_____

✎➤ Welche Bücher oder Filme kennst du, in denen Sklaven eine Rolle spielen?

_____

_____

Inhalt

Robinson berichtet, wie er sich auf der Insel einrichtet. Er unternimmt mehrere Fahrten zu dem Schiffswrack und kann einige brauchbare Dinge bergen. Nach und nach erkundet er die Insel und baut sich zwei Behausungen – seine „Burg" und seinen „Landsitz", wie er sie nennt.

Mit der Zeit gelingt es ihm unter großen Mühen und Anstrengungen, seine Selbstversorgung immer weiter zu perfektionieren: Er zieht eine Ziegenherde heran, trocknet Trauben zu Rosinen, pflanzt und erntet Getreide und backt daraus Brot. Oft muss Robinson Fehlschläge hinnehmen und braucht mehrere Anläufe, bis ihm sein jeweiliges Vorhaben gelingt. Empfindlich trifft ihn eine schwere Krankheit mit hohem Fieber. In seinen Fieberträumen und seiner Todesangst fleht er zu Gott um Hilfe. Von nun an werden im Roman immer wieder religiöse Aspekte angesprochen.

Da Robinson mit der vom Wrack geretteten Tinte und dem Papier sparsam umgehen muss, führt er seine Zeitrechnung mit einem improvisierten Kalender, indem er mit dem Beil Einschnitte in einen Holzstamm macht. Die begrenzten Schreibutensilien nutzt er lieber, um Tagebuch zu führen. In diesem Tagebuch stellt er, um sich selbst zu beruhigen, das Positive und das Negative seiner Situation in Tabellenform gegenüber.

Zu den Kopiervorlagen

Robinsons Insel
Auf dieser Kopiervorlage ist Robinsons Insel vereinfacht abgebildet. Einige Orte, die im Roman erwähnt werden, sind eingetragen. Die übrigen sollen von den Schülerinnen und Schülern markiert oder hineingemalt werden.

Robinson als Werbeträger
Der Name „Robinson" wird positiv besetzt vor allem in der Tourismusbranche immer wieder zu Werbezwecken verwendet. Hier ist ein solcher (fiktiver) Werbetext abgedruckt. Die Schülerinnen und Schüler sollen die Verwendung des Namens hinterfragen und nach Gemeinsamkeiten und Unterschieden zwischen der angepriesenen Urlaubsinsel und der Insel aus dem Roman suchen. Danach kann eine eigene Werbeanzeige gestaltet werden.

Lösung
Aufgabe 2:
Robinson Crusoe und sein Gefährte Freitag stehen für Abenteuer und Freiheit. Der Werbetexter nutzt das, um

Lust auf die angebotene Reise zu machen. Viele Menschen wünschen sich einen erholsamen Urlaub auf einer abgeschiedenen Insel, wo man auch etwas erleben kann.

Aufgabe 3:
Der Urlaubsort wird als Paradies mit stillen Plätzen, sanften Farben, Meeresrauschen und Palmen geschildert. Robinsons Insel ist ebenfalls verlassen, was ihn allerdings zur Verzweiflung treibt (Buch, Seite 24), weil er – anders als ein Urlauber – nicht heimkehren kann. Es regnet auch sehr heftig (Seite 25) und die Erde bebt (Seite 30). Dennoch findet Robinson Trost in der schönen Natur (Seite 35).

Brot backen mit Köpfchen
Besonders ausführlich beschreibt Robinson, wie es ihm gelingt, Getreide anzubauen und daraus mühsam Brot zu gewinnen (Buch, Seite 30, 38 ff.). Die Schülerinnen und Schüler können diese mühevolle Tätigkeit mithilfe der Kopiervorlage nachvollziehen.

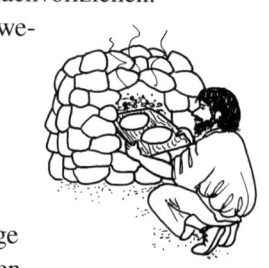

Um ihr Bewusstsein dafür zu wecken, wie wichtig strategisches Vorgehen beim Lösen jeglicher Aufgaben ist, überlegen sie in einem vorgeschalteten Schritt, wie sie selbst am sinnvollsten vorgehen, um die korrekte Abfolge beim Brotbacken zu rekonstruieren.

Diese Aufgabe wird dadurch erschwert, dass – möglichst ohne im Buch nachzulesen – obendrein die passenden Wörter in die Lücken eingesetzt werden müssen – eine echte Knobelarbeit für Tüftler!

Lösung
Reihenfolge des Vorgehens: die Wörter ausschneiden und in die passenden Lücken kleben, die Satzstreifen ausschneiden, die Streifen ordnen, die Sätze in der richtigen Reihenfolge in dein Heft kleben
einzusetzende Wörter: a) Kohle, b) Pfannen, c) Egge, d) Mörser, e) Vögel, f) Spaten, g) Ziegelsteinen, h) Ofen, i) Getreidesamen, j) Stein, k) Halstücher
Reihenfolge der Sätze: f, i, c, e, j, d, k, g, a, b, h

Alexander Selkirk, der „echte" Robinson
Ein Informationstext berichtet über den Seemann Alexander Selkirk, dessen Erlebnisse Daniel Defoe höchstwahrscheinlich zu seinem Robinson-Roman angeregt haben. Die Schülerinnen und Schüler arbeiten heraus, inwieweit die realen Erlebnisse Selkirks mit den fiktiven Erlebnissen Robinsons übereinstimmen und wo sie sich voneinander unterscheiden.

Lösung

Gemeinsamkeiten	Unterschiede
• verließen ihre Familien, um Seemänner zu werden • schlugen sich allein auf einer einsamen Insel durch • bauten sich eine Behausung aus Naturmaterialien • versorgten sich mit heimischen Pflanzen und Tieren • waren geschickt und erfindungsreich • wurden von ihren Rettern als „Gouverneur" bezeichnet • kehrten auf einem Schiff in die Heimat zurück	• Selkirk: Schotte, Robinson: Engländer • Selkirk: Vater war Schuhmacher, Robinson: Vater war Kaufmann • Selkirk: ließ sich freiwillig auf einer Insel aussetzen, Robinson: erlitt Schiffbruch und landete unfreiwillig auf einer Insel • Selkirk: wurde nach vier Jahren und vier Monaten gerettet, Robinson: verließ die Insel nach 28 Jahren • Selkirk: verlernte das Sprechen, Robinson: konnte sich mit Freitag unterhalten

Gesprächs- oder Schreibanlässe

Überleben auf der Insel
Robinson berichtet sehr genau, was er alles tut, um auf der Insel überleben zu können. Was könnte man sonst noch tun, um auf einer einsamen Insel zu überleben?

Robinsons Tagebuch
Solange Robinson genügend Tinte hat, führt er Tagebuch. Eines Abends setzt er sich wieder hin, um zu notieren, wie er den Tag verbracht hat. Schreibe einen seiner Tagebucheinträge.

Die Gut-Böse-Tabelle
Im Kapitel „Meine Insel" wird erzählt, dass Robinson eine Tabelle anlegt. Er überschreibt die erste Spalte mit „Das Böse" und notiert darunter, was ihm Schlimmes widerfahren ist. Die andere Spalte betitelt er mit „Das Gute". Hier schreibt er alles auf, was ihm trotzdem Hoffnung gibt (Buch, Seite 28 f.).

Wenn du einmal sehr traurig oder richtig sauer bist, kann es dir helfen, ebenfalls so eine Tabelle anzulegen. Stelle darin, wie Robinson, das Gute dem Schlimmen gegenüber. Manchmal ist dann alles gar nicht so schlimm, wie es zuerst den Anschein hatte …

Brot backen heute
Weißt du, wie heute Brot hergestellt wird? Schlage in einem Lexikon nach, informiere dich im Internet oder frage einen Bäcker. Vielleicht kennst du auch einen Bauern, der dir etwas über den Getreideanbau sagen kann. Tauscht euch in der Klasse darüber aus, was ihr herausgefunden habt.

Kreativ aktiv

Brot selber backen
Wenn die Gegebenheiten an der Schule es zulassen, kann die Klasse gemeinsam Brot backen. Vielleicht lässt sich im Rahmen eines Klassen- oder Schulfestes sogar ein kleines „Robinson-Büfett" organisieren: selbst gebackenes Brot, Ziegenkäse, Rosinen …

Rollenspiel
Stell dir vor, das Romanvorbild Alexander Selkirk und Daniel Defoe wären einander begegnet. Selkirk hat erfahren, dass Defoe seine Erlebnisse zu einem Roman verarbeitet hat. Wie reagiert er? Ist er erfreut oder erbost? Spiele zusammen mit einem Partner das Gespräch zwischen Selkirk und Defoe.

Malen
Robinson beschreibt ausführlich seinen seltsamen, selbst genähten Anzug. Male, wie er darin aussieht.

Robinsons Insel

Auf dieser Karte siehst du die Umrisse von Robinsons Insel. Die beiden Stellen, an denen Robinson seine Behausungen baut, und die Stelle, an der das Wrack liegt, sind bereits eingetragen. Male in die Karte hinein, wie du dir Robinsons „Burg" in dem Berg mit der Höhle und seinen Landsitz im Inneren der Insel vorstellst. Du kannst auch noch andere Stellen, die im Buch erwähnt werden, markieren oder hineinmalen.

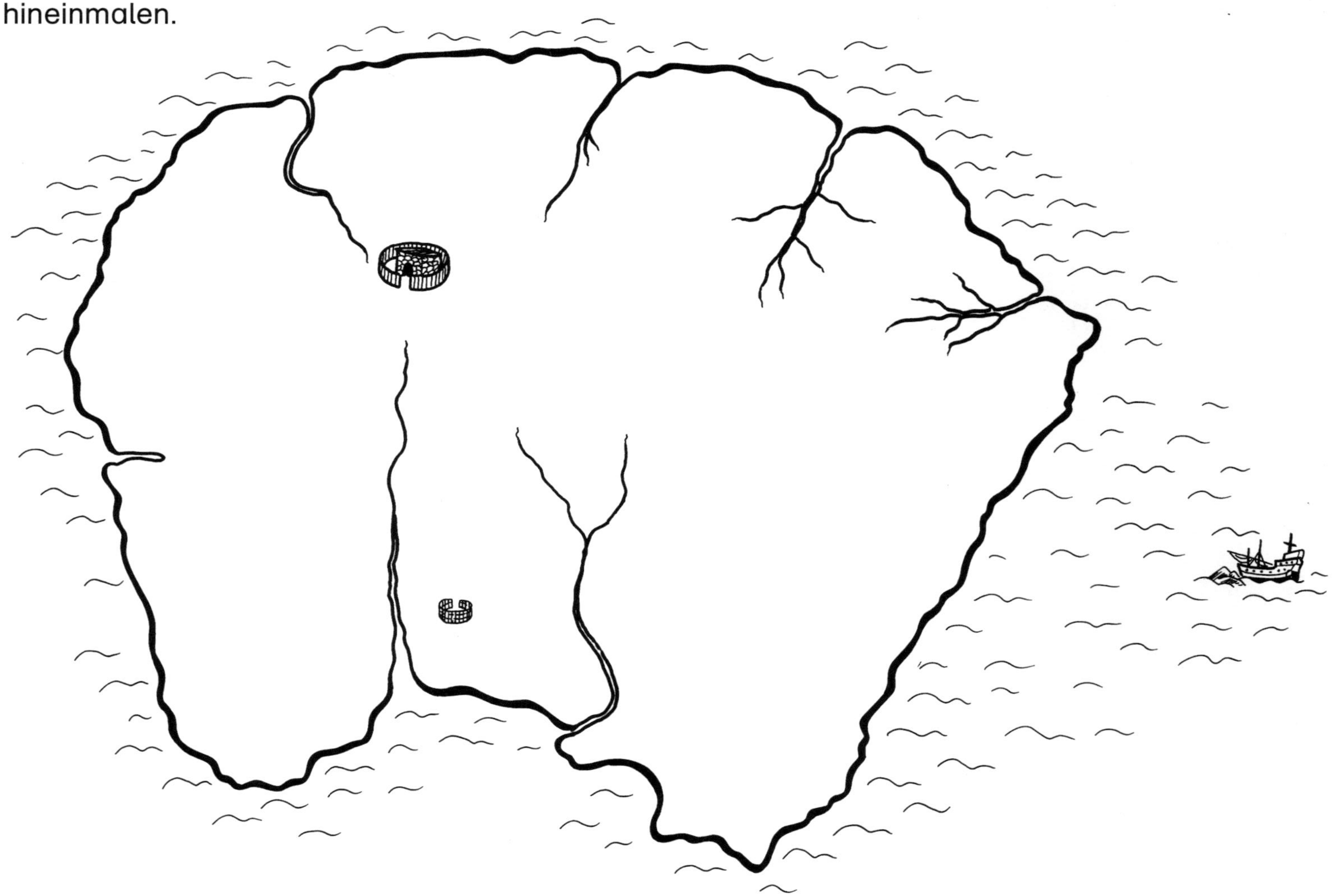

Robinson als Werbeträger

 Lies den folgenden Werbetext genau durch und beantworte dann die Fragen.

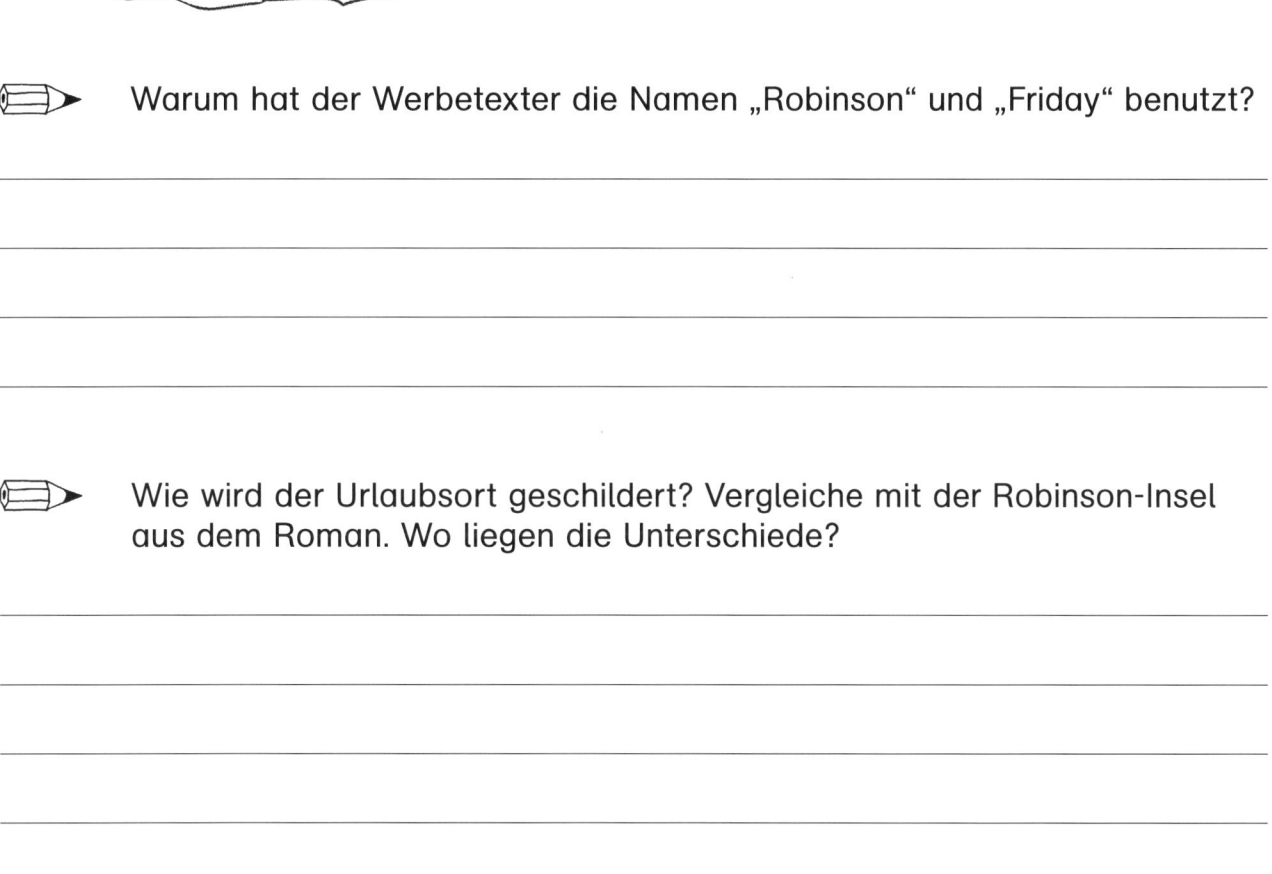

Seien Sie einfach mal Robinson!
Insel-Traumurlaub für Genießer!

Träumen Sie, relaxen Sie! Genießen Sie stille Plätze und sanfte Farben und das Rauschen des Meeres. Lassen Sie Ihre gestresste Seele baumeln – im kühlen Schatten von Palmen, Pinien und Zedern.

Genug gefaulenzt? Dann nutzen Sie das umfangreiche Sport-Programm im „Friday Beach Fitness Club".

Auf unsere kleinen Gäste wartet das „Island Activity Centre" mit Spaß und Bewegung unter Leitung unserer erfahrenen Kinderbetreuer – an allen Tagen einer erfüllten Urlaubswoche.

Und wenn Sie die Abenteuerlust packt, fahren Sie einfach gegen geringen Aufpreis mit auf eine perfekt organisierte „Robinsonade", einen Ausflug zu Sehenswürdigkeiten und touristischen Zielen in der traumhaften Umgebung – Getränke und Verpflegung inbegriffen.

✏➤ Warum hat der Werbetexter die Namen „Robinson" und „Friday" benutzt?

_____

_____

_____

✏➤ Wie wird der Urlaubsort geschildert? Vergleiche mit der Robinson-Insel aus dem Roman. Wo liegen die Unterschiede?

_____

_____

_____

✏➤ Gestalte selbst auf einem extra Blatt eine kleine Werbeanzeige für eine perfekte Urlaubsinsel. Schreibe, zeichne oder klebe eine Collage.

Brot backen mit Köpfchen

 Hier musst du zunächst entscheiden, wie du am besten vorgehst.
Löse dann die Einsetz- und Sortieraufgabe in einer sinnvollen Abfolge.
- die Wörter ausschneiden und in die passenden Lücken kleben
- die Satzstreifen ausschneiden
- die Sätze in der richtigen Reihenfolge in dein Heft kleben
- die Streifen ordnen

✂

Kohle	Vögel	Pfannen	Mörser	Stein	Ziegelsteinen
Egge	Ofen	Spaten	Getreidesamen	Halstücher	

✂

a) Dann habe ich _____ und Asche fortgefegt und die Brote in den heißen Ofen gelegt, um sie zu backen.

b) Mit meinen selbst getöpferten _____ habe ich die Brote bedeckt, dann glühende Asche darüber geschüttet und sie so einige Zeit backen lassen.

c) Statt einer _____ habe ich einen großen Zweig über das Feld gezogen.

d) Das Korn habe ich in meinem _____ zu Mehl zerrieben.

e) Ich habe die _____ von den Feldern vertrieben, damit sie nicht das reife Getreide wegfraßen.

f) Zuerst habe ich mit einem _____ den Ackerboden aufgelockert.

g) Aus selbst gebrannten _____ habe ich einen Ofen gebaut und darin Feuer gemacht.

h) Schließlich konnte ich die duftenden Gerstenbrote aus dem _____ holen.

i) In den gelockerten Boden habe ich _____ gesät.

j) Weil ich keinen geeigneten _____ gefunden habe, habe ich aus einem harten Holz einen Mörser mit Mörserkeule gemacht.

k) Durch alte _____ habe ich das Mehl gesiebt.

Alexander Selkirk, der „echte" Robinson

Als Daniel Defoe den *Robinson Crusoe* schrieb, hat er nicht einfach alles frei erfunden. Er kannte die Berichte Alexander Selkirks über seine Erlebnisse auf einer einsamen Insel.

 Lies den folgenden Text. Welche Erlebnisse und Erfahrungen Alexander Selkirks hat Daniel Defoe in seinem Roman verarbeitet? Notiere Gemeinsamkeiten und Unterschiede zwischen Alexander Selkirk und Robinson Crusoe in einer Tabelle in deinem Heft.

Alexander Selkirk war Schotte. Er lief von seinem Vater, einem Schuhmacher, fort und wurde Seemann. Auf einer seiner Fahrten arbeitete er als Segelmeister unter einem Kapitän, mit dem er sich überhaupt nicht verstand. Nach einem heftigen Streit wollte Selkirk nicht mehr unter ihm dienen und ließ sich auf der völlig unbewohnten Insel, vor der sie gerade ankerten, aussetzen. Mit einer Seekiste mit Werkzeugen und anderen Gegenständen blieb Selkirk auf der einsamen Insel vor der südamerikanischen Küste zurück. Das war 1704.

Erst vier Jahre und vier Monate später betraten andere Menschen die Insel. Sie hatten von ihrem Schiff aus ein Signalfeuer gesehen und wollten wissen, wer auf dieser einsamen Insel lebte. Vor ihnen stand ein Mann, der in unglaublich stinkende Ziegenfelle gehüllt war. Er hatte Mühe, klar zu sprechen. Schließlich hatte er jahrelang mit niemandem reden können. Staunend betrachteten die Neuankömmlinge die hinter nahezu undurchdringlichem Dickicht versteckte Hütte des Mannes. Sie bestand aus Ästen, war mit Grasbüscheln gedeckt und innen mit Ziegenfellen ausgekleidet. In ihr befanden sich die Seekiste, abgenutztes Bettzeug, ein alter Kochtopf, ein Messer und eine Bibel. Daneben stand eine zweite Hütte, die dem Inselbewohner als Küche diente und in der sich seine Lebensmittel befanden.

An Bord des Schiffes lagen mehrere Männer, die unter Skorbut litten. Das ist eine Krankheit, die ausbricht, wenn der Körper zu wenig Vitamine bekommt. Glücklicherweise konnte Alexander Selkirk helfen, ihre Vorräte aufzubessern: Er wusste, wo auf der Insel wilde Rüben und andere essbare Pflanzen wuchsen. Außerdem war er so beweglich, dass er fliehende Wildziegen mühelos einholen und mit bloßer Hand fangen konnte. Die Seeleute waren Selkirk dankbar für seine Hilfe und nahmen den „Gouverneur", wie sie den Inselherrscher scherzhaft nannten, an Bord ihres Schiffes mit zurück in die Heimat.

Zwischen Angst und Hoffnung (6. bis 8. Kapitel)

Inhalt

Eines Tages – Robinson lebt bereits 15 Jahre auf der Insel – entdeckt er bei einem Streifzug einen Fußabdruck, der nicht von ihm selbst stammt. Voller Entsetzen flieht er und verbarrikadiert sich in seiner „Burg". Er ist sich fast sicher, dass der Fußabdruck von einem „Wilden", von einem „Kannibalen", stammt. Von nun an lebt er in ständiger Angst, er könnte von den „Wilden", die offensichtlich von Zeit zu Zeit die Insel besuchen, entdeckt und aufgefressen werden. Er ergreift alle möglichen Vorsichtsmaßnahmen; unter anderem baut er seine Behausung zu einer regelrechten Festung aus. Seine schlimmsten Befürchtungen werden bestätigt, als er eines Morgens auf menschliche Knochen – offensichtlich die Überreste eines Kannibalenmahles – stößt. Als die „Wilden" das nächste Mal erscheinen, entkommt ein Gefangener.

Robinson rettet den Flüchtling, der Angehöriger eines anderen Ureinwohnerstammes ist, und nimmt ihn bei sich auf. Er nennt ihn „Freitag" und macht ihn zu seinem ergebenen Diener. Freitag lernt vieles von seinem Herrn und Lehrer. Die beiden hegen freundschaftliche Gefühle füreinander, doch die Hierarchie zwischen Herr und Diener bleibt immer gewahrt.

Es vergehen einige Jahre, bis wieder Ureinwohner auf der Insel erscheinen. Sie gehören zu dem feindlichen Kannibalenstamm, dessen Gefangener Freitag war. Abermals bringen sie Gefangene mit, die sie schlachten und verzehren wollen. Robinson und Freitag greifen die Männer an. Es gelingt ihnen, zwei Gefangene zu befreien und die Kannibalen in die Flucht zu schlagen. Zur freudigen Überraschung Freitags stellt sich heraus, dass einer der Befreiten sein eigener Vater ist. Der andere ist ein Spanier, der sich nach einem Schiffbruch mit einigen Landsleuten zum gegenüberliegenden Festland retten konnte. Diesen Spaniern geht es dort wesentlich schlechter als Robinson selbst: Sie haben so gut wie keine Waffen oder Werkzeuge retten können. Da sie weder das Meer überwinden noch den Dschungel durchqueren können, sind sie auf die Gnade des Stammes, auf dessen Gebiet sie leben, angewiesen.

Robinson beschließt, den Spanier und Freitags Vater mit einem der Kanus, das die „Wilden" bei ihrer Flucht zurückgelassen haben, zum Festland zu senden, um mit den Spaniern zu verhandeln. Gemeinsam, so hofft er, könnte es möglich sein, ein Schiff zu bauen, mit dem die Flucht von der Insel gelingt. Als Engländer misstraut er jedoch den Spaniern und will sich durch einen Vertrag absichern. Den Vertragsentwurf gibt er dem Spanier mit, als dieser gemeinsam mit Freitags Vater Richtung Festland aufbricht.

Zu den Kopiervorlagen

Lauter „Wilde" und „Kannibalen"?
Zwei Aufgaben und ein Sachtext fordern dazu auf, Robinsons Bild von den „Wilden" kritisch zu hinterfragen. Zur Vorentlastung können die Schülerinnen und Schüler Begriffe aus anderen Bereichen sammeln, die man „so nicht sagt", weil sie diskriminierend sind, z.B. „Zigeuner", „Kanaken", „Schlampe" oder „Krüppel". Die Karikatur (Kannibalen-Opfer im Kochtopf) dient als Gesprächsanlass.

Lösung
Aufgabe 1:
Robinson ist überzeugt, dass die „Wilden" ihre Opfer erbarmungslos ermorden und aufessen (Buch, Seite 38). Als er Knochenreste entdeckt, die seiner Meinung nach Kannibalen zurückgelassen haben, ist er entsetzt über das „Übermaß menschlicher, teuflischer Rohheit" (Seite 55) und nennt sie „Ungeheuer" (Seite 57). Der Sachtext hingegen macht deutlich, dass viele Urvölker besondere Fertigkeiten hatten und über großes Wissen verfügten. Nur sehr wenige Stämme verspeisten Menschenfleisch.

Aufgabe 3:
„Erst als meine Aufregung etwas nachgelassen hatte, überlegte ich mir, ob ich die Wilden vielleicht doch zu einseitig beurteilte. (…) Menschenfleisch zu essen war in ihren Augen vermutlich ebenso selbstverständlich wie für uns das Essen von Schweinefleisch." (Seite 58 f.)
„Schon bei den letzten Besuchen der Wilden war ich zu der Überzeugung gelangt, dass ich kein Recht hatte, meine Hände in Blut zu tauchen und Leute anzugreifen, die mir nie etwas Böses getan hatten oder zu tun beabsichtigten. (…) Ich wollte nur dann eingreifen, wenn ich fühlte, dass Gott es von mir verlangte." (Seite 80)

Robinson und Freitag
Die Aussagen über Freitag verleihen dem Flüchtling ein menschlicheres Gesicht. So bekommen die Schüler eine Ahnung davon, wie einseitig Robinsons – rein europäisch geprägte – Perspektive ist, die natürlich auch symptomatisch für seine Zeit ist. Freitag gewinnt Gestalt als eigener Charakter, der mehr ist als ein bloßer Diener Robinsons.

Lösung
Aufgabe 1:
Freitag gehört einem Kannibalenstamm an. („Beide hatten eine Menge Gefangene gemacht (…), um sie zu verzehren." – Seite 67)

Er ist ein guter Schwimmer. („Als er die Mündung erreicht hatte, sprang er trotz der starken Flut ohne Besinnen hinein, durchschwamm die Strömung mit etwa 30 Stößen (…)" – Seite 63)

Er hat Heimweh nach seinem Volk. („Sein Gesicht war vor Glück wie verklärt, seine Augen glänzten und sein Mienenspiel verriet eine heftige Sehnsucht nach seiner Heimat." – Seite 71)

Er hat schon Menschenfleisch gegessen. („Zu meiner Freude versprach er schließlich, nie mehr Menschenfleisch zu verspeisen." – Seite 70)

Er unterwirft sich Robinson. („Endlich stand er dicht vor mir, kniete wieder nieder, küsste den Boden, ergriff meinen Fuß und setzte ihn auf seinen Kopf." – Seite 64)

Aufgabe 2:
Robinson rettet Freitag das Leben, indem er ihn aus der Gefangenschaft der „Wilden" befreit. Freitag ist dankbar und unterwirft sich von Beginn an. Zwischen den beiden entwickelt sich ein Herr-Diener-Verhältnis, in dem sich Robinsons für seine Zeit typischer Rassismus zeigt und Freitag klar unterlegen ist. Robinson ist immer wieder skeptisch, obwohl Freitag stets treu und gehorsam ist. Im Laufe der Zeit wird ihr Umgang miteinander respektvoller und freundschaftlich.

„König Robinson der Erste"
KV Seite 34

Robinson betont mehrfach, wie geordnet seine Besitztümer sind. Außerdem lässt er immer wieder durchblicken, dass er sich als uneingeschränkter König der Insel fühlt. Die Schülerinnen und Schüler sollen die entsprechenden Textstellen suchen und überlegen, warum diese beiden Punkte für Robinson so wichtig sind.

Es folgt ein kurzer Informationstext, mit dessen Hilfe erklärt werden kann, warum Robinson ein so großes Misstrauen gegen die Spanier hegt.

Lösung
Aufgabe 1:
Robinson hat nur begrenzt Vorräte und Werkzeuge. Er geht sorgsam mit ihnen um, weil er auf der Insel nicht an Nachschub kommt. Auf seine Waffen gibt er besonders acht, um sich jederzeit verteidigen zu können.

Aufgabe 2:
z. B. „Ich bin der König und Herr dieses Landes." (5. Kapitel, Seite 35)
„Außerdem lehrte ich ihn, mich mit ‚Herr' anzureden." (7. Kapitel, Seite 66)
„Meine Insel war nun bevölkert. Ich war sehr stolz auf meine Untertanen und konnte mich wahrlich einen König nen-

nen, denn das ganze Land war mein Eigentum, in dem niemand mir die Herrschaft streitig machte. Mein kleines Volk hatte sich mir völlig unterworfen." (8. Kapitel, Seite 86)
„Sie mussten schwören, sich mir vollständig unterzuordnen." (8. Kapitel, Seite 92)

Aufgabe 3:
Der Engländer Robinson vertraut den Spaniern nicht, weil zu seiner Zeit jedes europäische Land vor allem seine eigenen Interessen verfolgte. Deshalb ist er unsicher, ob sie ihn nicht in einen Hinterhalt locken wollen.

Gesprächs- oder Schreibanlässe

Vorurteile hinterfragen: Was heißt denn hier „Wilde"?
Für Robinson sind alle Ureinwohner „Wilde", denen er sich überlegen fühlt – obwohl er eigentlich nichts von ihnen weiß. Er hat also Vorurteile. Gibt es ähnliche Vorurteile heute noch? Welche? Fallen euch Argumente ein, diese Vorurteile zu widerlegen?

Brief an die Spanier
Robinson gibt dem Spanier nicht nur einen Vertragsentwurf, sondern auch einen Brief an seine Landsleute mit, in dem er ihnen den Plan schmackhaft machen will, gemeinsam ein Schiff zu bauen (Buch, Seite 90). Schreibe diesen Brief.

Kreativ aktiv

Rollenspiel
Freitag hat seine Rolle als ergebener Diener satt. Er begehrt auf und wehrt sich gegen Robinsons Herrschaft. Spiele mit einem Partner den Streit zwischen Robinson und Freitag.

Lauter „Wilde" und „Kannibalen"?

 Inwiefern unterscheidet sich der Sachtext von dem, was Robinson über „Wilde" und „Kannibalen" zu wissen glaubt?

Wie wild waren die „Wilden" wirklich?

Für Robinson scheint von Anfang an klar zu sein, dass überall an der südamerikanischen Küste „Wilde" leben. Die Wirklichkeit sah aber auch damals anders aus:

Die Völker Afrikas, Australiens, Neuseelands, Nord- und Südamerikas und viele andere, die immer wieder als „Wilde" bezeichnet wurden, verfügten über viele Fertigkeiten und über ein großes Wissen. Diese Kenntnisse, die sie den weißen Eindringlingen voraushatten, waren häufig überlebenswichtig. Die Völker, die von den Weißen als „primitiv" betrachtet wurden, organisierten ihr Zusammenleben oft nach einem bestimmten System. Darüber hinaus hatten sie ihre eigene Kunst und Musik entwickelt.
Kannibalenstämme gab und gibt es nur sehr selten. Den wenigen Völkern, in denen Menschenfleisch gegessen wurde, ging es dabei nie darum, den Hunger zu stillen. Als Nahrung dienten Früchte oder Fleisch von Tieren. Wer Menschenfleisch aß, tat das, weil er glaubte, dass so die guten Eigenschaften des verspeisten Feindes auf ihn selbst übergingen. Man aß also ausschließlich das Fleisch der im Kampf besiegten Feinde, um so ihre Kraft, ihre Kampfesstärke oder ihren Mut in sich aufzunehmen.

 Entspricht die Zeichnung deiner oder der Vorstellung Robinsons vom Umgang der Kannibalen mit ihren Opfern?

 Manchmal zeigt Robinson Verständnis für die Lebensweise der sogenannten „Wilden". Finde im Buch entsprechende Stellen und lies sie laut vor.

Robinson und Freitag

Im Kapitel „Freitag und ich" (Buch, Seite 61 ff.) berichtet Robinson ausführlich über Freitag. Welche der folgenden Aussagen über ihn treffen zu?
Belege deine Wahl mit den Textstellen im Buch.

❏ Freitag gehört einem Kannibalenstamm an.

❏ Er ist völlig frei von Furcht.

❏ Er hat dieselbe Schuhgröße wie
Robinson.

❏ Er ist ein guter Schwimmer.

❏ Er hat Heimweh nach seinem Volk.

❏ Freitag ist mit Gewehren vertraut.

❏ Er hält Robinson für einen Gott.

❏ Er hat schon Menschenfleisch
gegessen.

❏ Er redet Robinson mit „Meister" an.

❏ Er unterwirft sich Robinson.

❏ Er ist etwa 20 Jahre alt.

Wie ist das Verhältnis zwischen Freitag und Robinson? Ändert sich ihre
Beziehung im Laufe der Zeit? Schreibe auf.

„König Robinson der Erste"

 Warum ist es Robinson so wichtig, dass er seine Vorräte und Werkzeuge ordentlich sortiert hat (Buch, Seite 79)?

_____

_____

_____

_____

 Robinson spricht wiederholt von seinen „Untertanen" (Seite 86 f.) und sogar von seiner „Armee". Suche im Buch nach Stellen, an denen deutlich wird, dass sich Robinson als „König" und „Herrscher" seiner Insel fühlt. Schreibe diese Formulierungen in dein Heft und gib jeweils das Kapitel und die Seitenzahl dazu an, zum Beispiel so:
Als Nächstes führte ich mit Freitags Hilfe ein Gespräch mit meinen neuen Untertanen. (8. Kapitel, Seite 87)

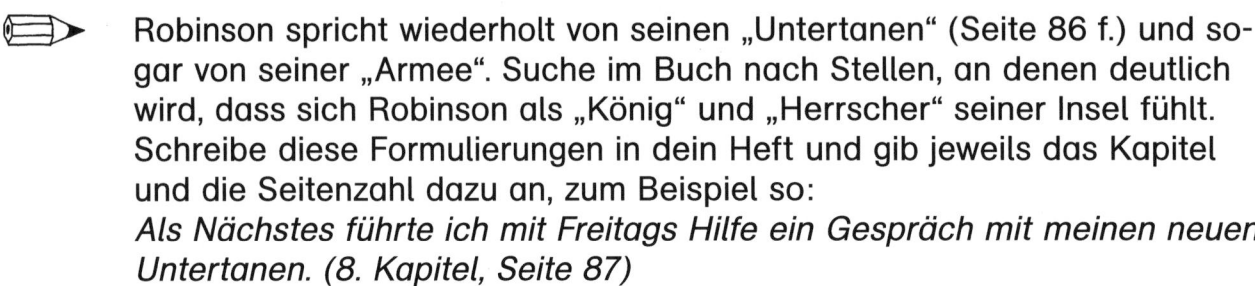 Lies den folgenden Text und erkläre, warum Robinson so vorsichtig ist, als es darum geht, mit den Spaniern „gemeinsame Sache" zu machen.

Spanier und Engländer zur Kolonialzeit

Als Defoe den _Robinson Crusoe_ schrieb, arbeiteten die europäischen Staaten nicht so eng zusammen wie heute. Einige Länder – vor allem England, die Niederlande, Frankreich, Spanien und Portugal – versuchten, ihren Reichtum und ihre Macht zu vergrößern. Die Seeleute dieser Länder unternahmen Entdeckungs- und Eroberungsfahrten oder kauften den Ureinwohnern Land ab. Überall an den afrikanischen und amerikanischen Küsten entstanden Kolonien.
Die Europäer wagten sich immer weiter ins Landesinnere und entdeckten immer neue Länder. Mit der Urbevölkerung verfuhren sie dabei oft sehr grausam.
Auf See leisteten die Seeleute einander zwar manchmal Hilfe, betrachteten sich aber als Konkurrenten und waren oft auch bereit, einander zu bekämpfen. Besonders feindselig standen sich jene europäischen Staaten gegenüber, die unterschiedlichen christlichen Religionen angehörten: England und die Niederlande waren protestantisch, Portugal, Frankreich und Spanien waren katholisch.

Eine Chance zur Rettung (9. bis 11. Kapitel)

Inhalt

Freitags Vater und der Spanier haben die Insel bereits vor einer Woche verlassen, als überraschend ein – englisches – Schiff auftaucht. Robinson weiß sofort, dass er vorsichtig sein muss: Wenn ein englisches Schiff so weit abseits der üblichen Schifffahrtswege verkehrt, ist damit zu rechnen, dass die Mannschaft nichts Gutes im Schilde führt.

Tatsächlich stellt sich heraus, dass auf dem Schiff eine Meuterei stattgefunden hat. Robinson und Freitag befreien den Kapitän und seine beiden Mitgefangenen, den Maat und einen Passagier. Gemeinsam gelingt es, die Meuterer zu besiegen. Sobald der Kapitän wieder Herr seines Schiffes ist, stellt er sich, wie versprochen, aus tief empfundener Dankbarkeit ganz in die Dienste Robinsons, den er den „Gouverneur" nennt: Er nimmt Robinson und den treuen Freitag, der seinen Herrn nicht verlassen will, mit nach England.

In der Heimat muss Robinson erkennen, dass er ein Fremder geworden ist. 35 Jahre war er fort, 28 Jahre davon hat er auf seiner Insel verbracht. Seine Eltern und die meisten seiner Geschwister sind längst tot. Immerhin reicht das Geld, das Robinson vor Jahrzehnten von dem Wrack mitgenommen hat, um ihm ein angenehmes Leben zu ermöglichen. Dennoch wird Robinson wieder auf Abenteuer ausfahren. Die Schulausgabe des Romans endet mit dieser vielsagenden Ankündigung.

Zu den Kopiervorlagen

KV Seite 37

Ist Meuterei ein Verbrechen?
Hier wird über die wohl berühmteste Meuterei berichtet, die berüchtigte Meuterei auf der „Bounty", die Ende des 18. Jahrhunderts wirklich stattgefunden hat. Dem Sachtext können die Schülerinnen und Schüler Informationen über die Situation der Seeleute auf den meisten Schiffen der damaligen Zeit entnehmen. Wenn man weiß, wie es den einfachen Matrosen oft erging und in welcher Zwangslage sich andererseits die Offiziere häufig befanden, kann man sich durchaus andere als ausschließlich verbrecherische Beweggründe für eine Meuterei vorstellen. Parallelen zu der in *Robinson Crusoe* beschriebenen Meuterei können gezogen werden, wobei jedoch – anders als bei der „Bounty" – deren Rädelsführer bei Defoe eindeutig negativ bewertet werden, wohingegen einzelnen Mitläufern durchaus Verständnis entgegengebracht wird.

Lösung

Aufgabe 1:
Unzählige Romane und Filme erzählen von der Meuterei auf der „Bounty". Diese Meuterei hat wirklich stattgefunden:
<u>1787</u> segelte die „Bounty" <u>von England nach Tahiti</u>. Auf der Heimreise brach eine <u>Meuterei gegen den Kapitän, William Bligh, und seine Getreuen</u> los. Kapitän Bligh und 19 andere Seeleute wurden <u>fast ohne Nahrung und Trinkwasser in einem Boot ausgesetzt</u>. Trotz schwerer Stürme legten sie <u>über 4000 Seemeilen bis zur rettenden Küste</u> zurück.
Kapitän Bligh war ein <u>ausgezeichneter Seemann</u>, der schon viele große Fahrten mitgemacht hatte. Er war erst <u>34</u>, als er mit der „Bounty" in See stach, und musste sich gegen wesentlich ältere Offiziere durchsetzen. Allerdings war er <u>streng, manchmal sogar brutal, und eingebildet</u>. Auch später, als Kapitän Bligh einen hohen Posten in einer englischen Kolonie in Australien hatte, machte er sich so unbeliebt, dass eine Revolte ausbrach.
Die Mannschaft der „Bounty" setzte sich wahrscheinlich ähnlich zusammen wie auf fast allen anderen Schiffen jener Zeit. Manche der Seeleute waren nur deshalb als Matrose an Bord, weil sie <u>keine bessere Arbeitsstelle</u> gefunden hatten, andere waren sogar <u>mit Waffengewalt zum Mitfahren gezwungen</u> worden. Beim geringsten Ungehorsam mussten sie mit <u>Schlägen</u> rechnen. Wer meuterte oder heimlich von Bord floh, also desertierte, wurde meist sogar zum <u>Tod am Galgen</u> verurteilt.

Zusammenfassung: Kapitän Bligh war ein hervorragender Seemann und trotz seiner erst 34 Jahre sehr erfahren. Er war ein schwieriger Charakter: arrogant und streng, manchmal sogar gewalttätig. Nicht alle Matrosen auf der

„Bounty", die gegen ihn meuterten, waren freiwillig an Bord. Manche brauchten den Lohn, andere waren unter Androhung ihres Todes auf das Schiff gezwungen worden.

Aufgabe 2:
Gegen den Kapitän des englischen Schiffes wurde gemeutert, worauf er zusammen mit seinem Maat und einem Passagier auf Robinsons Insel ausgesetzt wird. Mit Robinson und Freitag gelingt es ihm, sein Schiff zurückzuerobern. Viele Seemänner schlagen sich wieder auf seine Seite. Der Anführer des Aufstands, der das Schiff für Raubzüge nutzen wollte, wird gehängt und drei Meuterer bleiben auf der Insel zurück.

Als Fremder in der Heimat

Als Robinson nach 35 Jahren wieder in seiner Heimat England eintrifft, ist er dort ein Fremder. Diese unvermeidliche Entfremdung nach langer Abwesenheit wird hier thematisiert und durch Übertragung auf die Situation der Schülerinnen und Schüler konkreter fassbar gemacht.

Gesprächs- oder Schreibanlässe

Rückkehr ausgeschlossen! – Ein Brief in die Heimat
Einer der Meuterer, die auf der Insel zurückbleiben müssen, schreibt an seine Frau und erklärt ihr, warum er nicht mehr nach Hause zurückkehren kann. Schreibe diesen Brief. (Alternative für leistungsstarke Schüler/Klassen: Verteidigungsschrift des Meuterers, in der er sich für seine Tat rechtfertigt.)

Robinsons Brief an die Spanier
Robinson schreibt vor seiner Abreise an die Spanier und berichtet ihnen, was geschehen ist. Schreibe diesen Abschiedsbrief.

Eine Nachricht aus der Ferne
Ein Klassenkamerad oder eine Klassenkameradin geht mit seinen/ihren Eltern für ein Jahr ins Ausland. Nach vier Wochen Schweigen möchtest du wissen, wie es ihm oder ihr geht. Verfasse eine E-Mail. (Als vorbereitende Übung hierzu kann KV Seite 38, Aufgabe 2, dienen.)

Kreativ aktiv

Abschied von der Heimat – zwei Rollenspiele
- Freitag muss sich entscheiden. Soll er mit Robinson in ein ihm völlig fremdes Land reisen? Oder soll er auf der Insel bleiben und auf die Rückkehr seines Vaters und des Spaniers warten? Robinson, der ihm das Leben gerettet hat, oder sein Vater und seine Heimat, die er sonst vielleicht nie wieder sehen wird – was gibt den Ausschlag? Freitag spricht mit Robinson über dieses Problem. Spielt das Gespräch mit verteilten Rollen.
- Umzug in eine andere Stadt! Du musst deine Schule und deine Freunde zurücklassen. Das fällt dir sehr schwer. Du erklärst ihnen, warum du auf keinen Fall umziehen willst. Spielt dieses Gespräch zu dritt. Überlegt euch vorher, ob es auf eine Lösung hinauslaufen soll – oder ob ihr einfach „drauflosspielen" wollt.

Ist Meuterei ein Verbrechen?

 Markiere im Text alle wichtigen Informationen. Fasse zusammen:
Was erfährst du über Kapitän Bligh? Was erfährst du über die Meuterer?

Eine echte Meuterei

Unzählige Romane und Filme erzählen von der Meuterei auf der „Bounty".
Diese Meuterei hat wirklich stattgefunden:

1787 segelte die „Bounty" von England nach Tahiti. Auf der Heimreise brach
eine Meuterei gegen den Kapitän, William Bligh, und seine Getreuen los.
Kapitän Bligh und 19 andere Seeleute wurden fast ohne Nahrung und
Trinkwasser in einem Boot ausgesetzt. Trotz schwerer Stürme legten sie
über 4000 Seemeilen bis zur rettenden Küste zurück.
Kapitän Bligh war ein ausgezeichneter Seemann, der schon viele große
Fahrten mitgemacht hatte. Er war erst 34, als er mit der „Bounty" in See
stach, und musste sich gegen wesentlich ältere Offiziere durchsetzen.
Allerdings war er streng, manchmal sogar brutal, und eingebildet.
Auch später, als Kapitän Bligh einen hohen Posten in einer englischen
Kolonie in Australien hatte, machte er sich so unbeliebt, dass eine Revolte
ausbrach.
Die Mannschaft der „Bounty" setzte sich wahrscheinlich ähnlich zusammen
wie auf fast allen anderen Schiffen jener Zeit. Manche der Seeleute waren
nur deshalb als Matrose an Bord, weil sie keine bessere Arbeitsstelle
gefunden hatten, andere waren sogar mit Waffengewalt zum Mitfahren
gezwungen worden. Beim geringsten Ungehorsam mussten sie mit
Schlägen rechnen. Wer meuterte oder heimlich von Bord floh, also
desertierte, wurde meist sogar zum Tod am Galgen verurteilt.

 Suche nun im Robinson-Buch (ab Seite 93):
Welche Informationen findest du ...
• über den Kapitän, der auf der Insel ausgesetzt wird?
• über die Meuterer?
• über mögliche Gründe für die Meuterei?

_____

_____

_____

_____

Als Fremder in der Heimat

„Nach meiner langen Reise kam ich nach 35-jähriger Abwesenheit am 11. Juni des Jahres 1687 in England an. Dort war ich für alle Welt ein so vollständig Fremder, als wäre ich noch nie hier gewesen. Meine Eltern waren längst gestorben; von unserer Familie waren nur noch meine beiden Schwestern und zwei Kinder meines Bruders am Leben."

(Seite 124 f.)

Stell dir die erste Begegnung zwischen Robinson und einer seiner Schwestern vor. Schreibe in die Sprechblasen, was sie sagen könnten.

Robinsons Schwester

Robinson

Robinson war 35 Jahre fort. Schon ein Jahr ist eine lange Zeit. Stell dir vor, du warst ein Jahr lang im Ausland. Worüber würdest du dich beim Wiedersehen mit deinen Geschwistern oder deinem besten Freund/deiner besten Freundin unterhalten?
Kreuze an, ergänze und begründe.

❏ über das, was ich in der Zeit erlebt habe

❏ über das, was die/der andere unterdessen erlebt hat

❏ über meine Pläne für eine neue längere Reise

❏ über alles, was sich zu Hause in dem Jahr verändert hat

❏ über das, was ich im Ausland besser finde als zu Hause

❏ über _____

_____

_____

_____

Zum Abschluss der Unterrichtsreihe

Die Kopiervorlagen dieses Abschnitts beziehen sich auf den Roman als Ganzes. Sie können am besten eingesetzt werden, wenn die Schülerinnen und Schüler das gesamte Buch gelesen haben.

Zu den Kopiervorlagen

Wie schreibt der denn?

Hier wird die Aufmerksamkeit der Schülerinnen und Schüler auf die teilweise etwas altertümlichen Formulierungen des Romans gelenkt. Eine Übung, die diesen heute ungebräuchlichen Formulierungen einen modernen Wortlaut gegenüberstellt, trägt zur Erweiterung der Sprachkompetenz bei und weckt das Bewusstsein für die Entwicklungsfähigkeit von Sprache.

Differenzierungsmöglichkeit: Für sprachgewandte Klassen oder einzelne Schülerinnen und Schüler kann man bei Aufgabe 1 die modernen Entsprechungen auf der rechten Seite beim Kopieren abdecken und bereits hier zur Wiedergabe des Inhalts mit eigenen Worten auffordern.

Lösung

Aufgabe 1:

Ich glaube, nie hat das Missgeschick eines jungen Abenteurers früher begonnen oder länger gedauert als das meinige. / Wahrscheinlich hat noch nie ein junger Abenteurer mehr Unglück erlebt als ich.

Jetzt war guter Rat teuer. / Jetzt waren wir ratlos.

Auf welch lächerliche Pläne versteigen sich die Menschen, wenn sie von ihrer Furcht beherrscht werden! / Auf was für lächerliche Ideen kommen die Menschen, wenn sie sich fürchten!

„Mein treuer Freund und Befreier, seht Ihr dort Euer Schiff?" / „Mein guter Freund und Retter, sehen Sie da drüben Ihr Schiff?"

Aufgabe 2:

Bis er den Piratenkapitän unterrichtet hatte … / Bis er dem Piratenkapitän Bescheid gegeben hatte …

… wo Freitag den Wilden entronnen war. / … wo Freitag den Wilden entkommen war.

wackere Männer / tapfere Männer

Kopfschmerz und Schüttelfrost plagten mich. / Ich hatte Kopfweh und Schüttelfrost.

Wer war Daniel Defoe?

Eine Kurzbiografie Daniel Defoes und einige daran anknüpfende Aufgaben und Verständnisfragen rücken *Robinson Crusoe* als bedeutendes Werk der Literaturgeschichte in den Blick.

Lösung

Aufgabe 1:

Daniel Defoe <u>kam im Jahr 1660 in London zur Welt</u>. Als er <u>ungefähr acht Jahre alt</u> war, <u>starb seine Mutter</u>. Sein Vater wollte, dass sein Sohn Theologie studieren und Prediger werden sollte. Doch Daniel entschied sich anders: Er wollte lieber <u>Kaufmann</u> werden und begann, mit Wein und Tabak zu handeln.

Als Händler war er viel auf Reisen und <u>lernte die Länder Europas kennen</u>. Allerdings war er in diesem Beruf <u>nicht sehr erfolgreich</u>. (…) Auch Daniel Defoe wurde <u>1692</u> für einige Monate in einem <u>Schuld-Gefängnis</u> eingesperrt. Nach seiner Entlassung suchte er sich einen anderen Beruf: Er <u>begann zu schreiben</u> und wurde <u>Journalist</u>.

(…) Auch Daniel Defoe wurde in die Kämpfe verwickelt: <u>1685 beteiligte er sich an einem Aufstand gegen den neuen König</u>, der katholisch war. Defoe gehörte nämlich zu einer besonders strengen Richtung der Protestanten und fürchtete, dass ein katholischer König ihn und seine Freunde ihres Glaubens wegen verfolgen könnte.

(…) Einmal übte er sogar so <u>starke Kritik an Regierung und Kirche, dass er dafür ins Gefängnis musste und an den Pranger gestellt wurde. Das war 1703</u>.

<u>Robert Harley, ein wichtiger Politiker</u>, hatte jedoch die besonderen Fähigkeiten Defoes erkannt. Dieser Politiker stand zwar der Regierung des Königs nahe, hatte aber auch für die politischen Ansichten Defoes Verständnis. Er <u>kaufte ihn aus dem Gefängnis frei</u>. Von nun an arbeitete Defoe für ihn als <u>Geheimagent und spionierte die politischen Gegner aus</u>.

(…) <u>1719</u> wurde *Robinson Crusoe* <u>veröffentlicht</u>. Der Roman war so <u>erfolgreich</u>, dass er Daniel Defoe mit einem Schlag berühmt machte. (…)

Der erhoffte <u>Geldsegen blieb weiterhin aus</u>: In seinen letzten Lebensjahren wurde Daniel Defoe von einer Frau, der er Geld schuldete, sogar so hartnäckig <u>verfolgt</u>, dass er mehrfach umziehen musste und zum Schluss nur noch im Verborgenen lebte. Im Jahre <u>1731 starb er einsam, krank und hoch verschuldet in London</u>.

Aufgabe 2:

1. Sein Vater wollte, dass er Prediger wird.
2. Kaufmann.
3. Fast 60 Jahre alt.
4. Beim ersten Mal konnte er seine Schulden nicht bezahlen, später übte er zu heftige Kritik an Regierung und Kirche.
5. Katholiken und Protestanten kämpften gegeneinander.
6. Mit *Robinson Crusoe* wurde Defoe zwar berühmt, hatte aber weiterhin Geldsorgen. Er starb 1731 einsam und verschuldet in London.

Was für ein Abenteuer!

Unter Bezugnahme auf *Robinson Crusoe* werden die Schülerinnen und Schüler mit der Gattung des Abenteuerromans vertraut gemacht. Sie lernen grundlegende Kriterien für die gattungsgeschichtliche Einordnung von Literatur kennen und wenden diese an.

Lösung

Alle vier Aussagen treffen auf den Abenteuerroman zu.
Meine Schlussfolgerung: *Robinson Crusoe* von Daniel Defoe ist ein Abenteuerroman.
Begründung: z. B. Die Hauptfigur Robinson verlässt das vertraute England und strandet auf einer Insel. Dort muss sich Robinson ganz allein durchschlagen. Nach 28 Jahren schafft er es, in seine Heimat zurückzukehren.

 Robinson und Gott

Für Daniel Defoe war „Religion" immer ein wichtiges Thema (vgl. hierzu auch KV Seite 34: „König Robinson der Erste"). Das spiegelt sich in seinem Roman *Robinson Crusoe* wider. Der religiöse Aspekt, der bewusst in der für den Schulgebrauch bearbeiteten Ausgabe beibehalten wurde, wird auf dieser KV nochmals eigens beleuchtet.

Lösung

Aufgabe 1:

Robinson glaubt an Gott und hat Vertrauen, dass er beschützt wird. Zunächst wendet er sich vor allem in kritischen Situationen an Gott, wenn er Angst hat oder verzweifelt ist. Später ist sein Glaube gefestigter. Er sieht Gott als seinen Lenker und ist überzeugt, dass er durch ihn von der Insel befreit wurde.

 Meine Meinung zu „Robinson Crusoe"

Auf dieser KV erhalten die Schülerinnen und Schüler die Gelegenheit einer (gelenkten) Meinungsäußerung zum Roman von Daniel Defoe. Ein paar Eckpfeiler und Formulierungshilfen sind vorgegeben, damit auch die weniger Schreibgewandten der Klasse in die Lage versetzt werden, eine begründete Einschätzung zu dem Buch zu formulieren. Die Ausdrucksstärkeren können sich an einer freien Buchkritik oder am Verfassen eines eigenen Klappentextes versuchen.

Hunderte von Robinsons

Wahrscheinlich haben nur wenige literarische Werke eine derart breite Rezeption erfahren wie *Robinson Crusoe*. Hier werden einige Jugendbücher präsentiert, in denen Robinsonaden eine Rolle spielen. Die Schülerinnen und Schüler sollen nachforschen, ob sie eines dieser Bücher in der Schulbibliothek finden, und es der Klasse vorstellen. Selbstverständlich kann auch jedes andere Buch (oder ein Film), das einen Bezug zu *Robinson Crusoe* hat, präsentiert werden.

Gesprächs- oder Schreibanlässe

Freitags Sprache

Freitag hat zwar Robinsons Sprache recht gut erlernt, macht jedoch viele grammatische Fehler. Suche im Buch ab Seite 70 Äußerungen von Freitag heraus und schreibe sie so um, dass sie sprachlich korrekt sind.

So ein Abenteuer!

- Stelle der Klasse deinen Lieblingsabenteuerroman oder deinen liebsten Abenteuerfilm vor. Erkläre dabei, inwiefern die auf der Kopiervorlage von Seite 44 genannten Merkmale darauf zutreffen.
- Schreibe unter der Überschrift „So ein Abenteuer!" einen kurzen Text. Du kannst ein Abenteuer erfinden oder von einer kleinen Begebenheit aus deinem Leben erzählen, z. B. von einem Ausflug mit Hindernissen oder einer misslungenen Reise.

Wie schreibt der denn?

Daniel Defoes Roman *Robinson Crusoe* ist vor dreihundert Jahren entstanden. Darum wirkt seine Sprache für moderne Leser manchmal etwas ungewohnt oder umständlich.

 Links stehen Sätze aus dem Buch. In den Sätzen rechts wird derselbe Inhalt in heutiger Sprache ausgedrückt. Verbinde jeweils die passenden Sätze.

Ich glaube, nie hat das Missgeschick eines jungen Abenteurers früher begonnen oder länger gedauert als das meinige.

Auf was für lächerliche Ideen kommen die Menschen, wenn sie sich fürchten!

Jetzt war guter Rat teuer.

Wahrscheinlich hat noch nie ein junger Abenteurer mehr Unglück erlebt als ich.

Auf welch lächerliche Pläne versteigen sich die Menschen, wenn sie von ihrer Furcht beherrscht werden!

„Mein guter Freund und Retter, sehen Sie da drüben Ihr Schiff?"

„Mein teurer Freund und Befreier, seht Ihr dort Euer Schiff?"

Jetzt waren wir ratlos.

 Schreibe die folgenden Sätze und Begriffe aus dem Roman in heutiges bzw. umgangssprachliches Deutsch um.

Bis er den Piratenkapitän unterrichtet hatte …

… wo Freitag den Wilden entronnen war.

wackere Männer

Kopfschmerz und Schüttelfrost plagten mich.

 Suche weitere ungewohnte Ausdrücke und Wendungen im Romantext und forme sie gemeinsam mit einem Partner in gebräuchliches Deutsch um.

Wer war Daniel Defoe? (1)

 Lies den folgenden Text aufmerksam durch und markiere wichtige Daten und Ereignisse aus dem Leben Defoes. Trage sie auf dem folgenden Zeitstrahl ein.

Geburt in London

|————————————————————————————————————|

1660   1731

Daniel Defoe und sein abenteuerliches Leben

Daniel Defoe kam im Jahr 1660 in London zur Welt. Als er ungefähr acht Jahre alt war, starb seine Mutter. Sein Vater wollte, dass sein Sohn Theologie studieren und Prediger werden sollte. Doch Daniel entschied sich anders: Er wollte lieber Kaufmann werden und begann, mit Wein und Tabak zu handeln.

Als Händler war er viel auf Reisen und lernte die Länder Europas kennen. Allerdings war er in diesem Beruf nicht sehr erfolgreich. Er verlor viel Geld und machte immer mehr Schulden. Schließlich konnte er die vielen Rechnungen nicht mehr bezahlen. Damals mussten alle, die ihre Schulden nicht mehr bezahlen konnten, ins Gefängnis. Auch Daniel Defoe wurde 1692 für einige Monate in einem Schuld-Gefängnis eingesperrt. Nach seiner Entlassung suchte er sich einen anderen Beruf: Er begann zu schreiben und wurde Journalist.

In England gab es in jener Zeit schwere politische Unruhen. Katholische und protestantische Fürsten kämpften um die Königskrone. Die englischen Katholiken fühlten sich vor allem mit den damals mächtigen katholischen Staaten Frankreich und Spanien verbunden. Auch Daniel Defoe wurde in die Kämpfe verwickelt: 1685 beteiligte er sich an einem Aufstand gegen den neuen König, der katholisch war. Defoe gehörte nämlich zu einer besonders strengen Richtung der Protestanten und fürchtete, dass ein katholischer König ihn und seine Freunde ihres Glaubens wegen verfolgen könnte.

Defoe und seine Freunde stellten sich aber auch gegen die größte protestantische, die anglikanische Kirche. Als die Anglikaner schon längst die Katholiken besiegt hatten und den König stellten, verfasste Defoe noch Streitschriften gegen die Anglikaner. Einmal übte er sogar so starke Kritik an Regierung und Kirche, dass er dafür ins Gefängnis musste und an den Pranger gestellt wurde. Das war 1703.

Wer war Daniel Defoe? (2)

Robert Harley, ein wichtiger Politiker, hatte jedoch die besonderen Fähigkeiten Defoes erkannt. Dieser Politiker stand zwar der Regierung des Königs nahe, hatte aber auch für die politischen Ansichten Defoes Verständnis. Er kaufte ihn aus dem Gefängnis frei. Von nun an arbeitete Defoe für ihn als Geheimagent und spionierte die politischen Gegner aus.

Aber weder seine Spionagetätigkeit noch seine Arbeit als Journalist brachten Daniel Defoe das erhoffte Geld ein. Immer noch hatte er Schulden. Als er schon fast 60 Jahre alt war, kam er auf die Idee, einen Roman zu schreiben: den *Robinson Crusoe*. Er hoffte, dass sich mehr Menschen für seine Ideen interessierten, wenn er sie in einen Abenteuerroman verpackte. Und er hatte recht: 1719 wurde *Robinson Crusoe* veröffentlicht. Der Roman war so erfolgreich, dass er Daniel Defoe mit einem Schlag berühmt machte. Er schrieb danach zwei Fortsetzungen zu *Robinson Crusoe* und andere Romane. Manche wurden erst lange nach seinem Tod berühmt. Der erhoffte Geldsegen blieb weiterhin aus: In seinen letzten Lebensjahren wurde Daniel Defoe von einer Frau, der er Geld schuldete, sogar so hartnäckig verfolgt, dass er mehrfach umziehen musste und zum Schluss nur noch im Verborgenen lebte. Im Jahre 1731 starb er einsam, krank und hoch verschuldet in London.

✏️➤ Beantworte die folgenden Fragen zum Leben Defoes.

1. Welchen Beruf hätte Daniel Defoe nach dem Willen seines Vaters erlernen sollen?

_____

2. Welchen Beruf hatte Defoe, bevor er Journalist wurde? _____

3. Wie alt war er, als er *Robinson Crusoe* schrieb? _____

4. Weshalb musste er zweimal aus unterschiedlichen Gründen ins Gefängnis?

_____

_____

5. Welche Gruppen kämpften im 18. Jahrhundert in England gegeneinander?

_____

6. Wie erging es Daniel Defoe, als er ein alter Mann war?

_____

_____

Was für ein Abenteuer!

 Lies den folgenden Text genau durch. Ist demnach *Robinson Crusoe* ein
Abenteuerroman oder nicht? Prüfe Punkt für Punkt und kreuze an.
Gib erst dann deine Antwort und begründe sie.

Was ist ein Abenteuerroman?	trifft zu	trifft nicht zu
Ein Abenteuerroman ist besonders spannend erzählt.		
Die Hauptperson verlässt die vertraute heimische Umgebung. In der Fremde ist sie unbekannten Gefahren ausgesetzt. Die folgende Handlung spielt sich in einer fremden, fernen Umgebung ab.		
Die Personen erleben Außergewöhnliches und müssen sich dabei bewähren.		
Die Handlung eines Abenteuerromans könnte, auch wenn sie ungewöhnlich ist, so in Wirklichkeit stattgefunden haben. Dadurch unterscheidet sich der Abenteuerroman von dem mit ihm eng ver- wandten Fantasy-Roman. Historische Abenteuerromane spielen in einer längst vergangenen Zeit.		

Meine Schlussfolgerung:

Robinson Crusoe von Daniel Defoe ist

❏ ein Abenteuerroman.   ❏ kein Abenteuerroman.

Begründung: _____

_____

_____

_____

_____

_____

Robinson und Gott

Immer wieder erzählt Robinson von seinem Glauben und seinen Zweifeln. Erkläre mit eigenen Worten, wie Robinson Gott sieht. Was verändert sich im Laufe der Zeit? Die folgenden Zitate aus dem Buch helfen dir dabei.

In meiner Todesangst flehte ich zu Gott und versprach: „Wenn ich je wieder meinen Fuß auf trockenes Land setzen darf, kehre ich sofort zu meinem Vater heim und betrete nie wieder in meinem Leben ein Schiff."
(Seite 7)

Wir [...] vertrauten uns dem wilden Meer und der Barmherzigkeit Gottes an.
(Seite 18)

Ich flehte immer wieder zu Gott, aber meine Gedanken verwirrten sich.
(Seite 33)

Ich konnte nur immer rufen: „Herr, sieh auf mich herab! Herr, erbarme dich meiner! Herr, sei mir gnädig!"
(Seite 34)

Soweit ich mich erinnern kann, war dies die erste Mahlzeit meines Lebens, zu der ich ein Dankgebet sprach.
(Seite 34)

Ich wollte nur dann eingreifen, wenn ich fühlte, dass Gott es von mir verlangte.
(Seite 80)

Meine ganze Geschichte, in der sich wahrlich ein Wunder an das andere reihte, bewegte den Kapitän tief. Als ihm klar wurde, dass mein Leben verschont geblieben war, damit das seinige gerettet werden konnte, rannen ihm Tränen über die Wangen.
(Seite 103 f.)

Ich vergaß auch nicht, ein Dankgebet zum Himmel zu schicken. Wie hätte ich es wohl unterlassen können, denjenigen zu preisen, der mich in der Wildnis und in trostloser Lage so wunderbar erhalten hatte und von dem allein jetzt meine Befreiung ausging?
(Seite 118)

Kannst du dir vorstellen, dass ein Mensch, der ähnliche Dinge erlebt wie Robinson, anders reagiert und Gott anders sieht? Diskutiert diese Frage in der Klasse.

Meine Meinung zu „Robinson Crusoe"

✐➤ Kreuze an, wie dir das Buch von Daniel Defoe gefallen hat, und begründe deine Meinung.

❑ Ich finde das Buch toll. ❑ Das Buch hat mir nicht besonders gefallen.

❑ Mir gefällt das Buch ganz gut. ❑ Ich habe das Buch gar nicht gern gelesen.

Begründung: _____

_____

_____

✐➤ Ist der *Robinson Crusoe* deiner Meinung nach leicht oder schwierig zu lesen?

❑ Das Buch ist leicht zu lesen. ❑ Das Buch ist schwierig zu lesen.

Warum? _____

_____

✐➤ Zeichne eine Szene aus dem Buch, die dich besonders beeindruckt hat.

Vergleicht eure Bilder und besprecht, warum ihr gerade diese Szene ausgesucht habt.

✐➤ Über diese Themen des Romans würde ich gern noch mehr lesen:

_____

_____

Hunderte von Robinsons

Die Gestalt des Robinson Crusoe hat viele Schriftsteller und Filmregisseure sehr beeindruckt und angeregt: Sie schrieben Geschichten oder drehten Filme, in denen Robinson – oder andere Personen nach seinem Vorbild – an einem fremden Ort auf sich allein gestellt aufregende Abenteuer bestehen müssen. Bei manchen der entstandenen Bücher oder Filme erinnert auch der Titel an den Romanhelden Robinson. Hier ein paar Beispiele:

Bücher, in denen „Robinsonaden" vorkommen

Enid Blyton: *Die See der Abenteuer*

Friedrich Forster: *Robinson soll nicht sterben*

Eva Ibbotson: *Das Geheimnis der verborgenen Insel*

Janosch: *Robinson Hase*

Klaus Kordon: *Robinson, Mittwoch und Julchen*

James Krüss: *Die Schiffbrüchigen oder Die Fabelinsel*

Astrid Lindgren: *Pippi geht an Bord*

Fredrick Marryat: *Sigismund Rüstig*

Scott O'Dell: *Insel der blauen Delphine*

Klaus Dieter Remus: *Schwarzer Freitag für Robinson oder Wie klaut man eine U-Bahn?*

Lisa Tetzner: *Die Kinder auf der Insel* (aus der Reihe: *Die Kinder aus Nr. 67*, Bd. 5)

Uwe Timm: *Der Schatz auf Pagensand*

Weitere Titel:

_____

_____

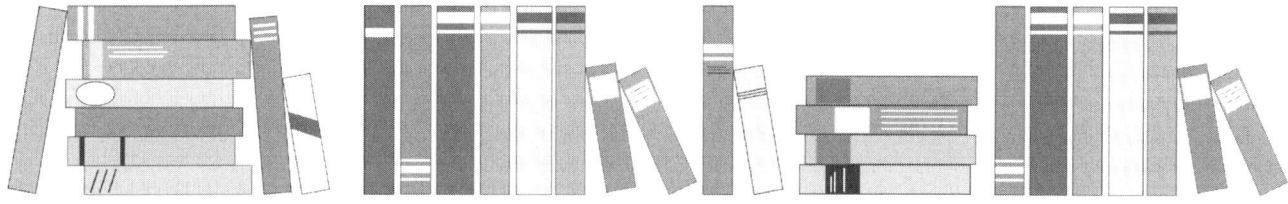

 Schau nach, ob du eines dieser Bücher in eurer Schulbibliothek oder in der Stadtbibliothek findest. Oder kennst du ein anderes Buch oder einen Film, in dem es jemandem ähnlich wie Robinson ergeht?
Suche ein Buch oder einen Film aus und stelle es oder ihn deiner Klasse vor.

Anhang: Literatur / Verfilmungen

Ungekürzte Robinson-Ausgaben für Erwachsene in deutscher Übersetzung (Auswahl)

- Übersetzt von U. Greiner. Zürich (Diogenes) 2001.

- Übersetzt von Lore Krüger. Berlin (Aufbau) 2010.

- Übersetzt von Rudolf Mast. Hamburg (mare) 2019.

- Übersetzt von Hannelore Novak. Frankfurt a. M. (Insel) 1994.

- Übersetzt von Hans Reisiger. Stuttgart (Reclam) 2012.

- Übersetzt von Franz Riederer. München (dtv) 2010.

Sekundärliteratur (Auswahl)

Augustin, Siegfried und Henle, Walter (Hrsg.): *Von Robinson zu Harald Harst*. München (Ronacher) 1984.

Baumgärtner, Alfred C. und Launer, Christoph: „Abenteuerliteratur". In: Lange, Günter (Hrsg.): *Taschenbuch der Kinder- und Jugendliteratur*. Baltmannsweiler (Schneider-Verlag Hohengehren) 2002, S. 415–444.

Bernhard, Norbert: *Tarzan und die Herrenrasse. Rassismus in der Literatur*. Basel (Lenos) 1986.

Brunner, Horst: *Die poetische Insel. Inseln und Inselvorstellungen in der deutschen Literatur*. Stuttgart (Metzler) 1967.

Fohrmann, Jürgen: *Abenteuer und Bürgertum. Zur Geschichte der deutschen Robinsonaden im 19. Jahrhundert*. Stuttgart (Metzler) 1981.

Liebs, Elke: *Die pädagogische Insel. Studien zur Rezeptionsgeschichte des Robinson Crusoe in deutschen Jugendbearbeitungen*. Stuttgart (Metzler) 1977.

Ohlmeier, Dieter: „Psychoanalytische Bemerkungen zu Daniel Defoes Robinson Crusoe und zur Entstellung klassischer Literatur als ‚Jugendliteratur'". In: Zwettler-Otte, Sylvia (Hrsg.): *Von Robinson bis Harry Potter. Kinderbuch-Klassiker psychoanalytisch*. München (dtv) 2002. S. 115–133.

Petzold, Dieter: *Daniel Defoe – Robinson Crusoe*. München (Fink) 1982.

Pleticha, Heinrich: *Atlas der Entdeckungsreisen*. Stuttgart (Edition Erdmann) 2000.

Pleticha, Heinrich und Augustin, Siegfried: *Lexikon der Abenteuer- und Reiseliteratur. Von Afrika bis Winnetou*. Stuttgart (Edition Erdmann) 1999.

Pleticha, Heinrich und Schreiber, Hermann: *Die bedeutendsten Entdecker und ihre Reisen. Ein Lexikon*. Stuttgart (Edition Erdmann) 2013.

Riehle, Wolfgang: *Daniel Defoe*. Reinbek (Rowohlt) 2002.

Severin, Tim: *Auf der Suche nach Robinson Crusoe*. Essen (Magnus) 2004.

Stach, Reinhard: „Robinsonaden in der Jugendliteratur". In: Baumgärtner, Alfred C. und Pleticha, Heinrich: *Kinder- und Jugendliteratur. Ein Lexikon*. Meitingen (Corian) 1999 ff.

Robinson-Crusoe-Verfilmungen (Auswahl)

USA / Mexiko 1954, Regie: Luis Buñuel
Darsteller: Dan O'Herlihy, Jaime Fernández, Felipe de Alba u. a.

Großbritannien 1975, Regie: Jack Gold (Satire, die Defoes Roman umkehrt: Robinson wird Freitags Knecht)
Darsteller: Peter O'Toole, Richard Roundtree, Christopher Cabot, Peter Cellier, Sam Seabrook u. a.

Großbritannien 1988, Regie: Caleb Deschanel
Darsteller: Aidan Quinn, Ade Sapara, Elvis Payne u. a.

USA 1997, Regie: Rod Hardy, George Miller
Darsteller: Pierce Brosnan, William Takaku, Polly Walker u. a.

Belgien / Frankreich 2016, Regie: Vincent Kesteloot, Ben Stassen (Computeranimationsfilm)
Deutsche Synchronsprecher: Matthias Schweighöfer, Kaya Yanar, Ilka Bessin u. a.